Am besten vegetarisch mit der Thermo-Küchenmaschine

Ute-Marion Wilkesmann

Am besten vegetarisch mit der Thermo-Küchenmaschine

Dort-Hagenhausen-Verlag

Inhalt

Vorwort

Immer wieder wird mir die Frage gestellt: Ja, kann ich denn nur gesund und lecker essen, wenn ich viel Geld für ein Gerät ausgebe? Meine Antwort ist einfach: Natürlich nicht. Um lecker und gut zu essen, reichen ein Topf und ein Messer. Vielleicht noch ein Kochlöffel – es ist nur nicht so abwechslungsreich.

Schon in den Rezepten meiner ersten Kochbücher habe ich gerne modernste Küchengeräte verwendet. Den Vorwurf, ohne diese teuren Geräte ginge nix, konnte ich zurückweisen: Ich habe immer Alternativen angegeben. Später änderte sich meine Einstellung. Ich habe kein schlechtes Gewissen mehr, wenn ich eine teure Maschine verwende. Auslöser hierfür waren Telefonate mit einer Leserin meines Blogs. Als Angestellte in der Kühlabteilung eines Supermarktes bezieht sie ein bescheidenes Einkommen. Sie sparte zwei Jahre auf einen Hochleistungsmixer, weil sie die Vorzüge einer solchen Maschine einfach nutzen wollte. Es hat mich beeindruckt, dass sie die Priorität in der Küche, beim leckeren und gesunden Essen setzte. Außerdem werden mittlerweile über Discounter und Sonderaktionen sowohl Hochleistungsmixer als auch Thermo-Küchenmaschinen zu erschwinglichen Preisen angeboten.

Insoweit war ich hocherfreut, als der Dort-Hagenhausen-Verlag mich fragte, ob ich Lust hätte, ein Buch in meinem Fachgebiet – speziell mit Blick auf Thermo-Küchenmaschinen – zu schreiben. Ich besitze selbst eine, zudem konnte ich verschiedene Marken über mehrere Wochen testen und mir so einen Überblick über die Stärken dieser Geräteklasse verschaffen. Zweierlei sehe ich hier als meine Aufgabe: Rezepte, die ich bisher „herkömmlich" zubereitet habe, für ein solches Gerät zu optimieren, außerdem diejenigen Rezepte zu finden, die Stärken dieser Maschinen nutzen – Rezepte, bei denen diese Geräte eine deutliche Arbeitserleichterung darstellen oder sogar in der privaten Küche Unmögliches ermöglichen.

Ute-Marion Wilkesmann im März 2016 (Wuppertal)

natürlich
einfach
frisch

Einführung

Wissen ist nie endlich. In allen Fachgebieten der Wissenschaft werden ständig neue Erkenntnisse hinzugewonnen. Das gilt auch für alle anderen Bereiche unseres Lebens.

Ich sehe das, wenn ich mir meine ersten Rezepte aus der Vollwertzeit anschaue. Da tauchen noch Eier und Quark auf, dann kommt die Hinwendung zur Tiereiweißfreiheit (nach Bruker), mit Tendenz zu immer stärkerer Vermeidung des Tiereiweißes. Dies war der Stand, als ich vor zwei bzw. drei Jahren meine letzten Bücher geschrieben habe.

Mittlerweile habe ich Erkenntnisse aus amerikanischen wissenschaftlich-fundierten Bewegungen (z.B. „Forks Over Knives®") in meinen Ernährungsplan eingebaut. Das heißt, meine Ernährung ist heute fast vegan und dazu fettarm bis fettfrei. Diese Entwicklung ist ebenfalls in die Rezepte eingegangen, d.h. ich habe einige vorhandene Rezepte auf Geräte optimiert und dabei mein neues Wissen einfließen lassen.

natürlich
einfach
frisch

Als ich 2005 meinen ersten Thermomix® kaufte, führte das zu einer grundlegenden Wandlung bei meiner „Arbeit" in der Küche. Einiges ging schneller, vieles war plötzlich viel einfacher und manches Unmögliche wurde möglich, meine Experimentierlust fand neue Ziele. Ich wage einmal zu behaupten, dass es erst durch Geräte wie Thermo-Küchenmaschinen und Hochleistungsmixer möglich wurde, dass die „drei V" (Vegetarismus, Veganismus und Vollwert) einen solchen rasanten Aufschwung genommen haben und wir heute auf ein tolles Angebot an Rezepten zugreifen können. Technik als Hilfe auf dem Weg zur Natur, könnte ich es zusammenfassen.

Meine Begeisterung für technische Spielereien hat mich recht früh zur aktiven Teilnahme am Internet gebracht: 1998 begann ich, meine Kuchenrezepte auf einer Webseite zu posten. Meine Ernährungsentwicklung kann ich auf der Seite nachvollziehen – von konventionellen Kuchen aller Art bis zur bewussten pflanzlichen Ernährung dieser Tage. Damals, 1998, waren Vegetarier noch suspekt und Veganer als Begriff unbekannt. Vollwert galt als altbacken. Parallel zu meiner Hinwendung zur Vollwerternährung rückten auch allmählich Vegetarier und Veganer ins Rampenlicht, deren Ernährungsweise sich mit meiner in großen Teilen überlappt.

Bevor ich zu den Geräten im Einzelnen komme, kurz ein Blick auf den ernährungsspezifischen Hintergrund der „drei V", wobei ich den gesundheitlichen Aspekt auf ein Minimum reduziert habe. Dazu gibt es so viel in Büchern und im Internet, dass ich meinen Lesern zutraue, dass sie das entweder sowieso schon wissen oder sich bei Interesse an entsprechenden Stellen Informationen holen.

- **Vegetarisch** essen bedeutet: Nichts vom toten Tier kommt auf den Teller.
- **Vegan** essen bedeutet: Nichts vom Tier kommt auf den Teller (bei Honig sind sich nicht alle Veganer einig).
- **Vollwertig** essen bedeutet: So natürlich wie möglich! (Also keine Industrieprodukte, stark verarbeitete Produkte, Extrakte usw.).

Grundsätzlich esse ich vollwertig nach Dr. Max Otto Bruker, das hat sich unter dem Einfluss der amerikanischen Forks-Over-Knives®-Bewegung (Gabel statt Skalpell), dem Studium der China Study von Campbell u. Ä. stärker spezialisiert. Die vier Jas und Neins von Dr. Bruker, die grundsätzlich meine Essensweise bestimmen, habe ich dementsprechend etwas abgewandelt in drei Jas und drei Neins. Wer sich weiter dafür interessiert, findet auf meiner Website und auch im Internet reichlich Informationen.

Nein zu

1. allen Industrieprodukten (vor allem zu Fabrikzuckerarten, Auszugsmehl und Fetten) und Extrakten
2. allen Tierprodukten außer Honig
3. Säften

Ja zu

1. Getreide täglich
2. reichlich Frischem (mindestens 30 %, erstrebenswert 50–70 %)
3. Fetten in begrenzten Mengen aus Nüssen und Samen, nur ganz selten (hochwertiges) Öl

Die **Geräte**

Ich bin eine Freundin einfacher Rezepte. Mit „einfach" meine ich: ohne große Umstände und auch in einer zumutbaren Zeit. Hier kommen die modernen Geräte ins Spiel: Vieles, was ich früher gar nicht selbst machen konnte, kommt nun aus der eigenen Küche. Nussmuse und Senf sind besonders gute Beispiele, denn hier erleichtern die Geräte nicht einfach nur die Arbeit, sondern ermöglichen sogar erst die Herstellung.

Zum Glück müssen wir heute nicht mehr wie unsere Großmütter Schwerstarbeit in der Küche leisten. Je nach Geldbeutel steht eine breite Palette an „Helfern" zur Verfügung.

Da meine Rezepte immer Protokolle sind, weil ich in der Küche mitschreibe, haben manche Leser die Aufführung von Geräten so missverstanden, als könnten sie meine Rezepte nur mit diesen Geräten nachempfinden. Ich weise dann gerne darauf hin, dass praktisch alle Kochbuchautoren Profigeräte verwenden, das aber nicht erwähnen und uns arme Leser im Glauben lassen, wir könnten mit einem Haushaltspürierstab Eiscreme wie aus der Eisdiele zaubern.

Wie auf dem Buchtitel schon zu sehen, stehen die Thermo-Küchenmaschinen im Mittelpunkt. Diese Geräte werden teils schon zu Preisen angeboten, die sie auch für den kleineren Geldbeutel erschwinglich machen. Daher stehen sie hier an erster Stelle.

Thermo-Küchenmaschinen

Ein paar Tipps

■ Auch wenn Sie es sonst nicht gerne tun: Lesen Sie die Gebrauchsanweisung für Ihr spezielles Gerät. Es lohnt, versprochen :-].

■ Beim Mahlen von Getreide spanne ich ein Stück Haushaltsfolie zwischen Deckel und Mischtopf. Der Getreidestaub fällt dann von der Folie nach unten, statt sich am Deckel festzusetzen und beim Abnehmen des Deckels in die Küche zu rieseln.

■ Einige Geräte haben eine Knetstufe, andere nicht. Wer über keine Knetstufe verfügt, benutzt die Stufen 1–2.

■ Die meisten Geräte haben 10 Stufen für die Drehgeschwindigkeit. Wenn Ihr Gerät eine andere Einteilung hat, können Sie sich eine kleine Skala zeichnen und sehen dann, was mit der angegebenen Drehgeschwindigkeit gemeint ist. Mit ein bisschen Übung haben Sie schnell ein Gespür. Grob lässt sich sagen: 1–3 im Buch ist niedrig, 4–6 mittel, 7–9 hoch und 10 „Turbo". Für die Temperaturen gilt dasselbe. Ein Beispiel für so eine kleine Tabelle sehen Sie im Folgenden, oben stehen die Zahlen für dieses Buch, in der zweiten Zeile Beispielzahlen für ein Gerät mit 8-stufiger Einstellung:

1 2 3 4 5 6 7 8 9 10

1 2 3 4 5 6 7 8

■ Wer einen Dampfaufsatz benutzt oder länger kocht, sollte gleichzeitig das Fenster öffnen, um z.B. Schimmelbildung zu vermeiden.

■ Reste von der Gemüsezerkleinerung kann man in größeren Mengen schnell in eine Rohkost-Suppe umwandeln. Alternativ: Wasser in den Mischtopf geben, durch ein Sieb gießen und die festen Bestandteile im Sieb zu dem Gemüse geben. Für Obst gilt dasselbe.

■ Beim Arbeiten lohnen ein paar Minuten Nachdenken, vor allem wenn Sie ein bekanntes Rezept benutzen. Wenn Sie eine Mühle haben, ist es z.B. egal, wann Sie das Getreide mahlen. Mit der Thermo-Küchenmaschine sollte man die Mahlarbeiten aber immer zuerst erledigen, solange das Gerät noch trocken ist. Genauso gilt „kalt vor warm".

■ Planen Sie mehrere Rezepte ein, wenn Sie etwas herstellen, von dem Sie wissen, dass es Rückstände im Gerät hinterlässt. Nach einem Nussmus können Sie prima eine Nussmilch herstellen oder einen Kakao kochen.

Auch ohne Thermo-Küchenmaschine im Haus können Sie natürlich die Rezepte in diesem Buch nacharbeiten.

Die Rezepte sind für Thermo-Küchenmaschinen optimiert, aber nicht ausschließlich dafür konzipiert. Praktisch lässt sich alles auch mit anderen Geräten und Hilfsmitteln herstellen. Die meisten Arbeitsschritte lassen sich auch anders bewerkstelligen, auch wenn dies manchmal umständlicher oder zeitaufwendiger ist:

- Kochen und pürieren: im Topf kochen, mit dem Pürierstab oder in einem Mixer pürieren (Suppen, Aufstriche, Chutneys, Pasten, Cremes, „Milch“, „Sahne“ usw.).
- Dämpfen von Gemüse im Dampfaufsatz: Als Gemüsepfanne zubereiten (d.h. 5 EL Wasser mit zerteiltem Gemüse in eine Pfanne geben, Deckel auflegen. Auf höchster Einstellung zum Kochen bringen, bis Dampf unter dem Deckel austritt. Auf kleinste Einstellung drehen und – je nach Gemüse – etwa 15 Minuten dünsten, ohne den Deckel abzuheben.).
- Dämpfen von Klößen usw.: Sollte auch in einem Dampfgarer oder in einem Sieb funktionieren, das in einen Topf mit kochendem Wasser eingehängt wird.
- Garen von Nudeln, Reis und Hülsenfrüchten: im Topf bzw. Schnellkochtopf.
- Raffeln von Obst und Gemüse: mit einer kleineren oder größeren Küchenmaschine, mit einem Hobel usw.
- Eiscreme: Wer einen Hochleistungsmixer hat, ist fein raus. Manche Eissorten funktionieren auch mit einem Food Processor.
- Getreide mahlen: mit einer Getreidemühle, einem Hochleistungsmixer, für kleine Mengen auch in einem Zerkleinerer.
- Nüsse mahlen: mit einem Hochleistungsmixer, einem Food Processor, in kleinen Mengen in einem Zerkleinerer.
- Nussmus: mit einem Hochleistungsmixer; es gibt zwar immer wieder Berichte, dass es auch mit einfachen Geräten wie einem Pürierstab funktioniert, aber davor kann ich nur warnen: Es ruiniert schwächere Geräte auf Dauer. Dann doch Nussmus lieber kaufen.
- Gemüsebrühextrakte, Kräutersalz usw. Das klappt auch in anderen Mixern, dauert nur vielleicht etwas länger.
- Teige kneten: mit einer anderen Maschine oder mit der Hand.

Andere wichtige Geräte

Getreidemühle und Flocker

Moderne Thermo-Küchenmaschinen gibt es häufig schon zu Preisen, die deutlich unter denen einer neuen Getreidemühle liegen. Bei der Mühle wird das Getreide nicht so heiß, es wird „weicher" und „fluffiger". Der Vorteil des Mahlens in den Thermo-Küchenmaschinen ist, dass man Getreide einfach mischen kann, auch mit Samen. Manche Mühlen können keine Kichererbsen oder Mais mahlen – mit der Thermo-Küchenmaschine alles völlig unproblematisch. Einen Flocker kann keine andere Maschine ersetzen.

Hochleistungsmixer

In meinen Rezepten taucht auch der Begriff „Hochleistungsmixer" auf. Das sind Geräte, die durch Umdrehungsgeschwindigkeiten von 25.000 bis zu über 30.000 Umdrehungen pro Minute in kurzer Zeit Ergebnisse erzielen, von denen wir mit anderen Geräten nur träumen können. In vielen Fällen lassen sich diese nicht gerade preiswerten Mixer durch einen kleinen Mixer, einen Pürierstab oder eben eine Küchenmaschine ersetzen.

Kleiner Mixer

Für mich in der Küche unverzichtbar ist ein kleiner Mixer, wie er aus der TV-Werbung bekannt ist. Ich finde ihn auch für Besitzer hochpreisiger Küchenmaschinen eine wichtige Ergänzung.

Tipps für kleine Mixer

- Für diesen kleinen Mixer gilt: Immer darauf achten, dass entweder ganz trockene Zutaten (Getreide, Nüsse) oder Zutaten mit genug Flüssigkeit verarbeitet werden.
- Manchmal sitzt der Becher auf Anhieb nicht richtig auf. Dann lieber herausnehmen, unten die Gummihalterung ein kleines Stückchen drehen und den Becher nochmals aufsetzen.
- Vor dem Entfernen des Bechers aus dem Sockel ganz kurz warten, bis das Messer sich nicht mehr dreht.
- Becher während des Mixens immer festhalten.
- Messer, obwohl das laut Gebrauchsanweisung zulässig ist, nicht in die Spülmaschine geben. Die Messer werden zwar nicht stumpf, aber Gummihalterung und -dichtung auf Dauer porös.
- Das flache Messer zum Mahlen trockener Zutaten, das hoch stehende Messer für Obst, Gemüse, Dips usw. nutzen.
- Keine klebrigen Lebensmittel (z.B. Datteln) ohne Flüssigkeit mixen.

Schnellkochtopf

Während meiner indischen Kochphase habe ich etwas entdeckt, das ich vorher für völlig überflüssig hielt: den Schnellkochtopf. Er taucht fast in allen indischen Kochbüchern auf, und ich weiß auch warum: Wer nicht schon Tage im Voraus planen will, welche Hülsenfrucht er vielleicht kochen möchte, kommt ohne einen solchen Topf nicht aus. Ich möchte ihn nicht missen, aber zur Zubereitung der Rezepte ist er nicht erforderlich.

Handrührgerät

Und seien die Geräte noch so toll: Ein richtig guter Rührteig, der auch nach dem Backen locker ist, gelingt mir am besten mit dem Handrührgerät.

Pfannen

In meiner Küche verwende ich gerne weiße Keramik-Pfannen. Gute Exemplare haben den Vorteil, dass ich auch ohne Fett arbeiten und leicht den Gargrad der Lebensmittel erkennen kann. Wer eine gusseiserne Pfanne besitzt, wird mit Sicherheit genauso gute Ergebnisse erzielen.

Andere Gerätschaften

Es gibt noch einige andere interessante Geräte, die sich dann aber eher an speziellen Interessen orientieren, wie z.B. Dörrgeräte oder Eismaschinen mit Kompressor.

Der **Einkauf**

Qualität

„Saisonal" und „regional" sind heute Begriffe, die nicht nur die Gesundheitsinteressierten für sich beanspruchen, damit wird jetzt schon in x-beliebigen Supermärkten geworben. Dass Erdbeeren in der Weihnachtszeit nicht passen, weiß noch jeder. Aber sind Blumenkohl oder Steckrüben Wintergemüse oder nicht? Es wird immer schwieriger, dort eine Linie zu ziehen. Auch mit der Frage „Lieber konventionell aus der Region oder Bio von weiter weg?" sollte sich jeder selbst auseinandersetzen und eine Antwort finden.

Wo bekomme ich die beste Qualität?

Bezugsquellen richten sich auch ganz pragmatisch nach dem Wohnort. Früher konnte ich bei einem Gemüsegärtner einkaufen, der regionale Ware anbietet. Nach meinem Umzug kaufe ich im Bioladen mit Lieferservice und Bio-Ware im Supermarkt. Da meine Einstellung zu „Bio“ nicht mehr so ungebrochen ist wie vor einigen Jahren, kaufe ich gelegentlich auch konventionell. Besonders gerne auch aus den „Billigecken“ eines Supermarkts, wo Obst und Gemüse zu deutlich verringerten Preisen angeboten werden, wenn sie dem Anspruch des Durchschnittskäufers nicht mehr genügen. Einiges bestelle ich in Bio-Qualität über das Internet direkt beim Erzeuger (Honig, Öl, Getreide, Nüsse).

Ist Bio und naturnahes Essen teurer?
Das ist ein Gerücht, das immer wieder aufgewärmt wird. Es stimmt nicht. Arbeit ist nie umsonst – daher sind Fertigmahlzeiten immer teuer, denn zwischen den Grundstoffen und der Mikrowelle liegt Arbeit. Wenn Sie kein Fleisch und keinen Käse kaufen und einiges in der eigenen Küche herstellen, sparen Sie schon automatisch erheblich.

Infos zum Buch

Personenangaben
Alle Rezepte sind, wenn nicht anders angegeben, für eine Person konzipiert. Das bietet sich aus zwei Gründen an: Erstens ist es leichter, zu multiplizieren (also zu rechnen 4 x 225 g) als zu dividieren (900 g : 4) oder gar noch von vier auf drei umzurechnen. Zweitens ist es häufig so, dass in einer Familie Veganer, Vegetarier bzw. Vollwertler eine Minderheit darstellen.

Mengenangaben
Mengen sind stets in Gramm (g) angegeben, auch bei Flüssigkeiten.
Auf Anhieb mag das ungewohnt sein – zum Nacharbeiten von Rezepten hat es sich in der Praxis bewährt. Denn was ist „ein Apfel“? Eine „große Möhre“? Eine Leserin meiner Website schrieb mir zum Beispiel „Am Anfang fand ich das komisch, dass du alles abgewogen hast. Aber mittlerweile sehe ich, dass es dadurch einfacher wird – ich mache es jetzt auch bei eigenen Rezepten so.“ Eine Waage ist immer genauer als ein Messbecher. Haushalts-Messbecher sind keine geeichten Präzisionsinstrumente und in Eile kann es dann zusätzlich passieren, dass der Blick eher flüchtig ist und schwups – ist zu viel im Becher. Manche Thermo-Küchenmaschinen haben auch eine integrierte Waage.
„Brutto“ hinter Gewichtsangaben bedeutet: ungeputzt, ungeschält, mit Stein usw., „netto“ dementsprechend das reine Gewicht, das verarbeitet wurde.

Obst und Gemüse vorbereiten

Ich schäle nur, wenn unbedingt notwendig (z. B. alte Kohlrabi), nicht nur beim Apfel sitzt das Wertvollste unter der Schale und im Kerngehäuse. Manchmal geistern auch Gerüchte durch die Kochgemeinde, die einfach nicht stimmen, beispielsweise dass man Butternuss- und Muskatkürbis schälen muss.

Salz

Als Salz nehme ich nur jodfreies Vollmeersalz, weil mich Hinweise auf die Schädlichkeit des jodierten Salzes überzeugt haben.

Keime und Sprossen

Gekeimte Kichererbsen und Linsen sind auch roh verträglich. Gekeimte Bohnen – außer Mungbohnen – dürfen genau wie rohe Bohnen nicht verzehrt werden, sie enthalten das giftige Phasin.

Getreide

Es wird unterschieden zwischen echten (Weizen, Dinkel usw.) und unechten Getreiden (Buchweizen, Amaranth, Quinoa), außerdem zwischen kleberreichen (Weizen, Dinkel) und kleberarmen Getreiden (Hafer, Roggen). Wichtig für eine naturnahe Ernährung ist, dass alle Getreide keimfähig sind, 95 Prozent des Getreides sollten keimen. Bei Hafer sollten Sie Sprießkorn- oder Nackthafer kaufen, die keimfähig sind. Aber auch hier empfehlen sich erst einmal Tests, bevor Sie bei einem Anbieter regelmäßig kaufen. Dasselbe gilt auch für Gerste. Es gibt zum Glück noch genug regionale Getreide, sodass Sie Exoten wie Quinoa und Amaranth für seltene Gelegenheiten verwahren können. Hirse gibt es nur noch ganz selten aus deutschem Anbau, und erst recht selten ist keimfähige Hirse.
Wenn in den Rezepten Haferflocken erwähnt werden, meine ich frisch hergestellte Flocken. Nun hat nicht jeder einen Flocker – am Anfang kann man auch mit fertig gekauften Flocken arbeiten. Es sei nur darauf hingewiesen, dass gekaufte Flocken immer eine Hitzebehandlung durchlaufen haben, damit sie nicht ranzig werden.
Als überzeugte Vollwertlerin mahle ich mein Getreide immer selbst. Die Rezepte können Sie genauso gut auch mit fertig gekauftem Mehl herstellen. Sie sollten dann nur austesten, ob die Flüssigkeitsmengen anders sind. Es heißt, dass die gekauften Mehle bzw. Auszugsmehle weniger Flüssigkeit benötigen als selbst gemahlenes Mehl. Da es leichter ist, Flüssigkeit im Nachhinein einzuarbeiten, fangen Sie in einem solchen Fall besser mit 10 Prozent weniger Wasser an.

Speiseöle

Besonders wichtig ist ein hervorragendes kalt gepresstes Öl, ein großes Thema! Da in der fettarmen/-freien Ernährung Öle kaum noch verwendet werden, verweise ich hierzu nur kurz auf meine Videos unter http://www.vollwertkochbuch.de/videos.htm.

Kakao
Dank der Rohkostbewegung kann ich Kakaonibs und auch Kakaobohnen kaufen, die außer einer Fermentierung bzw. Zerkleinerung keine Bearbeitung durchlaufen haben. Sie sind „so natürlich wie möglich“. Wenn ich Kakaopulver kaufe, wähle ich die schwach entölte Sorte, denn „schwach“ ist weniger bearbeitet/extrahiert als „stark“.

Süßungsmittel
Vollwertler und Veganer geraten sich beim Thema „Süßen“ schon einmal in die Haare. Für Vollwertler ist Honig neben Trockenfrüchten das einzige legitime Süßungsmittel, für einige Veganer ist er tabu. Ihnen empfehle ich Agavendicksaft oder Ahornsirup. Ich kenne mehrere Menschen, die konsequente Veganer sind einschließlich der Weigerung, Lederschuhe und Wollpullover zu tragen, aber dennoch Honig bejahen. Ich kann nur jedem empfehlen, einmal persönlich mit einem Imker zu sprechen, der seine Bienen verantwortungsvoll pflegt. Ein solches Gespräch ist besser als jede Internet-Aufklärung oder Forumsdiskussion.

Allgemeines

Verwendete Abkürzungen
Hier verwende ich die üblichen Formen, wie z.B. EL = Esslöffel, TL = Teelöffel, g = Gramm, gem. = gemahlen usw.

Auf Angaben von Arbeitszeiten und Schwierigkeitsgraden habe ich verzichtet, da sie individuell unterschiedlich sind. Außerdem sind meine Rezepte durchweg schnell herzustellen und einfach.

Noch Fragen?
Bei Fragen zu den Rezepten können Sie mich gerne in meiner Telefonstunde anrufen: in der Regel am ersten Dienstag des Monats von 18–20 Uhr; Details wie Telefonnr. usw. finden Sie auf meiner Website unter http://www.vollwertkochbuch.de.

Sollten sich Fehler in dieses Buch eingeschlichen haben, obwohl mehrere Lektoren und ich es sorgfältig durchgesehen haben, freue ich mich, wenn ich Korrekturen erhalte. Agnes Hug möchte ich herzlich für ihren Einsatz beim Probekochen und ihre Sorgfalt beim Korrekturlesen danken.

Allen Lesern und Leserinnen wünsche ich Spaß beim Nacharbeiten und Freude beim Essen!

Ute-Marion Wilkesmann im März 2016 (Wuppertal)

Kapitel 1
Grundrezepte

Die Rezepte in diesem Kapitel bilden die Grundlagen für andere Speisen, die ich früher „einfach so" gekauft habe. Neben dem Spaß am Do-it-yourself hat das auch ganz praktische Vorteile: Es ist preiswerter, ich habe die Kontrolle darüber, „was reinkommt", und häufig schmecken die selbst gemachten Basisprodukte auch besser.

Zwei Beispiele: Zum einen Nussmuse, mit denen wir cremige Soßen, herrliche Dressings usw. erhalten. Allein schon der Preis von Fertigware spricht für das Selbermachen. Zum anderen Chutneys, ein Wort, das über das Englische aus dem Hindi von dem Wort „chatni" [= „naschen"] kommt. Chutneys schmecken zu kalten und warmen Gerichten. Ich benutze sie gerne als Grundlage für warme Soßen oder Salatdressings.

Seit meiner Essensumstellung vor mehr als zehn Jahren kaufe ich immer weniger vorgefertigte oder halbfertige Lebensmittel ein. Anfangs habe ich Reformhäuser und Bio-Läden noch nach Fertigsoßen und Backmischungen durchstöbert. Heute steht in meiner Küche kaum noch ein Produkt, das ich nicht selbst hergestellt habe. Zu den wenigen Ausnahmen zähle ich in meiner Küche Tomatenmark/Dosentomaten [Preis und Aroma der deutschen Tomaten sind selbst im Saisonmonat August nicht gut genug, um eine Selbstverarbeitung zu rechtfertigen], Nudeln [Zeitvorteil] und andere Dinge, die ich nur in Gewürzmengen benötige [zum Beispiel Senf].

natürlich
einfach
frisch

Nusspaste

400 g Mandeln (oder andere Nüsse)

■ Nüsse in die Thermo-Küchenmaschine geben und in zwei Stufen mixen **(5 Min./Stufe 4; 3 Min./Stufe 6)**.

■ Die leicht krümelige Masse lässt sich wie Knetmasse zusammendrücken und in Schraubgläsern aufbewahren. Die Haltbarkeit von Nussmusen ist auch außerhalb des Kühlschranks praktisch unbegrenzt.

Tipp
Nusspasten sind hervorragende Grundbausteine für Heißgetränke, Soßen, Milch- und Sahnealternativen, süße Cremes oder herzhafte Aufstriche.

Cashew**nussmus**

400 g Cashewnüsse oder Cashewnussbruch (geröstete Erdnüsse gehen noch einfacher)

■ Nüsse in die Maschine geben. Während der Rührzeiten die Masse immer wieder mit dem beiliegenden Spatel herunterdrücken. Wer keinen passenden Spatel besitzt, der auch während des Maschinenlaufs verwendet werden darf, muss das Gerät anhalten und die Masse auf andere Weise von der Wand herunterdrücken.

■ Mixen wie folgt:

3 Min./Stufe 4 (2 x herunterschieben)
2 Min./Stufe 5
je 1 Min./Stufe 6, 7 und 8

Das Gerät zeigte noch immer nur 37 °C an!

Tipp
Wer auf strikte Rohkostqualität (42 °C) Wert legt, muss den Behälter mit der Nussmasse zwischendurch immer wieder im kalten Wasserbad oder in einem Eisbad kühlen.

Die Thermo-Küchenmaschine eignet sich besonders zur Herstellung von flüssigen Nussmusen, da die Masse im Gegensatz zur Herstellung mit Hochleistungsmixern keinen Ölzusatz erfordert. Das ist in Hochleistungsmixern komplizierter. Bei anderen Nusssorten muss man von Fall zu Fall entscheiden, ob vielleicht doch 1 EL Öl hilfreich ist. Cashewnüsse haben übrigens im Vergleich zu anderen Nüssen einen recht niedrigen Fettgehalt. Der Unterschied ist nicht immens, aber seit ich das weiß, greife ich lieber zu Cashewnüssen als zu Mandeln.

Kräuterwürze

130 g frische Kräuter, aufgestockt mit den Blättern von Stangensellerie (hier: 25 g Dill, 1 g Basilikum, 24 g Zitronenmelisse, 100 g Stangensellerie)
125 g Apfelessig
100 g Mandeln, ungeschält
20 g Salz

■ Alle Zutaten in den Mixtopf der Thermo-Küchenmaschine geben und zerkleinern **(1 Min./Stufe 5)** – mit dem Spatel herunterdrücken.

■ In ein leeres Schraubglas (etwa die Größe eines Honigglases) füllen und im Kühlschrank aufbewahren. So eignet es sich auch als Pesto, weil die Mandeln noch ein wenig stückig sind.

■ Wer es glatt möchte, mahlt Mandeln und Salz zuerst **(30 Sek./Stufe 7)** und fährt dann fort wie beschrieben.

Tipp
Nimmt man geschälte Mandeln, wird die Farbe etwas heller, aber es ist keine Rohkost mehr, da die Mandeln zum Schälen erhitzt werden.

Salat**creme**

125 g Sonnenblumenkerne
130 g Apfelessig
20 g Salz
1 g gem. schw. Pfeffer
50 g Agavendicksaft (oder Honig)
5 g Essig-Peperoni (siehe S. 31)
200 g Wasser
1 EL beliebige Trockenkräutermischung

■ Alle Zutaten bis auf die Kräuter in die Thermo-Küchenmaschine geben und zu einer glatten Creme mixen **(1 Min./Stufe 10)**.

■ Kräuter hinzugeben, nochmals kurz durchmischen **(5 Sek./Stufe 5)**.

■ In ein passendes Schraubglas umfüllen und im Kühlschrank aufbewahren.

Für die Salatcreme lassen sich auch frische Kräuter verwenden, die dann direkt mit verarbeitet werden sollten. Die Creme ist dann eventuell weniger lange haltbar. Sehr gut schmecken auch 2 TL Senf in der Creme. Nach einem Tag setzt sich unten klare Flüssigkeit ab, das bedeutet jedoch keinen Qualitätsverlust. Daher vor Verwendung einmal durchrühren. Je nach Vorliebe lässt sich die Salatcreme im Verhältnis 1:2 bis 1:4 mit Wasser verdünnen. Bei mir hat sich das Dressing 14 Tage ohne Verlust im Kühlschrank gehalten.

Linsenaufstrich **Rote Bete**

190 g Linsenpüree von roten Linsen (s. Special Hülsenfrüchte, S. 107)
165 g Wasser
35 g Mandelpaste
90 g Rote Bete, in Stücke geschnitten
1 gestr. TL Salz
1/4 TL gem. schw. Pfeffer
1 EL Apfelessig
1/4–1/2 TL gem. Koriander
ggf. 2 geh. TL Flohsamenschalen

■ Alle Zutaten, jedoch ohne die Flohsamenschalen, in die Thermo-Küchenmaschine geben. Gut durchmixen, dabei langsam anlaufen lassen **(30 Sek./Stufe 4, danach 10 Sek./Stufe 7)**.

■ Flohsamenschalen hinzufügen und nochmals mixen **(10 Sek./Stufe 6)**. Vorsicht übrigens beim Öffnen des Geräts: Die Masse sitzt auch unter dem Deckel, ist kräftig rot. Auch wenn es nur ein bisschen spritzt, hinterlässt die Rote Bete dauerhaft rote Flecke.

■ Wer keine Flohsamenschalen hat, sollte deutlich weniger Wasser nehmen und vielleicht erst einmal mit 100 g anfangen. Mehr Wasser hinzufügen geht immer!

Tipp
Dies ist ein Grundrezept für viele Varianten, wenn Sie Rote Bete gegen anderes Gemüse und die Mandelpaste gegen andere Nussmuse/Nusspasten austauschen.

Sonnenaufstrich

50 g Sonnenblumenkerne
35 g Sauerampfer
20 g Zitrone
30 g Sonnenblumenöl
35 g Wasser
1 gute Prise Salz
1 Knoblauchzehe (nach Geschmack)

■ Sonnenblumenkerne mahlen. Sauerampfer waschen und gut trocken schleudern, vorschneiden. Alle Zutaten zusammen im kleinen Becher eines kleinen Mixers schaumig schlagen.

■ Macht man die vierfache Menge, sind eine Thermo-Küchenmaschine oder ein Hochleistungsmixer geeigneter. Die Vorgehensweise ist im Prinzip dieselbe, d.h. erst werden die Sonnenblumenkerne gemahlen **(10 Sek./Stufe 8–10)**, dann der Rest untergemischt **(10 Sek./Stufe 6)**; eventuell nacharbeiten.

Tipp
Der fertige Aufstrich hält sich einige Tage im Kühlschrank, er lässt sich auch problemlos portionsweise einfrieren.

Aufstriche auf Basis von Sonnenblumenkernen, Zitrone, Wasser und Öl sowie einem Geschmacksgeber gibt es auch zu kaufen. Besser schmeckt es selbst gemacht, weil Sie hier nach Belieben würzen und die Kräuter ändern können. Bärlauch eignet sich ebenfalls ausgezeichnet für dieses Rezept. Die vorgestellte Variante mit Sauerampfer ist etwas „mutiger“ und hat eine herrlich frisch grüne Farbe. Zusammen mit dem Linsenaufstrich Rote Bete schmückt der Sonnenaufstrich jeden Tisch und jedes kalte Büffet.

Gemüsebrühextrakt

1000 g Gemüsereste
125 g Vollmeersalz

■ Gemüse in die Thermo-Küchenmaschine geben und zerkleinern **(1 Min./Stufe 4)**. Bei allen Vorgängen das Gerät gut festhalten, es neigt hier zum „Hüpfen".

■ Weiter zerkleinern **(10 Sek./Stufe 10)**. Salz hinzugeben, und mehrmals kurz mixen **(jeweils 10 Sek./Stufe 7)**. Gelegentlich das Gemüse mit dem Spatel nach unten „stupsen", wenn die Messer leerlaufen.

■ Fertigen Extrakt in leere Honiggläser füllen (ergibt bei dieser Menge 3 Honiggläser).

Tipp
Er lässt sich teelöffelweise portioniert wie jeder andere Gemüsebrühwürfel oder -extrakt verwenden. Haltbarkeit im Kühlschrank gut ein Jahr.

Gemüse**salz**

130 g getrocknetes Gemüse
650–800 g Salz

■ Gemüsereste grob zerkleinern und im Dörrapparat trocknen, bis sie zerbröseln. Wer keinen Dörrapparat besitzt, kann das Gemüse auf einem Backblech ausbreiten und auf kleinster Temperatur im Backofen trocknen.

■ Es wird jeweils die fünf- bis sechsfache Salzmenge im Verhältnis zum Gemüsetrockengewicht hinzugegeben.

■ Zerkleinern **(30 Sek./Stufe 8–9)**. Mit Salz vermischen **(10 Sek./Stufe 10)**, so erhält man ein feines Kräutersalz.

Tipp
Das Salz am besten vor einer Suppe herstellen. Dann muss man die Küchenmaschine nicht reinigen, sondern kann die feinen Reste mitverwerten.

Als Gemüsereste zählen: Strunk vom Kohl, Kartoffel- und Möhrenschalen, Grün von Kohlrabi und so weiter. Geeignet ist alles, was nicht schlecht ist, aber auch nicht für den Verzehr erwünscht. Zwiebelschalen sind ungeeignet, auch Rote Bete ist wegen der „Durchfärbung" schlecht.

In einem kleinen Haushalt kommt selten genug Gemüse zusammen, um es zu verarbeiten, bevor es schlecht wird. Kleinere Reste können Sie daher im Tiefkühlschrank in einer Plastiktüte sammeln. Bevor Sie den Extrakt herstellen, muss das tiefgekühlte Gemüse 2–3 Std. auftauen.

Chili-Öl

1 rote Zwiebel
(75 g brutto)
3 frische
Chilischoten
1 EL getr. grüner
Pfeffer
ca. 400 g
Sonnenblumenöl

■ Zwiebel schälen, achteln und in das Glas füllen (etwas größer als ein Marmeladenglas). Zwei Chilischoten hinzugeben. Die dritte Schote in Ringe schneiden, die Kerne aus den Ringen drücken (und wegwerfen).

■ Ringe und Pfeffer ebenfalls in das Glas geben. Mit Öl auffüllen und im Kühlschrank aufbewahren. Mindestens zwei Wochen ziehen lassen. Hält sich im Kühlschrank mehrere Monate.

Ingwer-Öl

1 kleine Zwiebel
(35 g netto)
4 Knoblauchzehen
35 g Ingwer
etwa 400 g
Sonnenblumenöl

■ Zwiebel schälen und vierteln, Knoblauchzehen abziehen. Ungeschälten Ingwer in 2–3 mm dicke Scheiben schneiden.

■ Alles in ein leeres Glas mit einem Volumen von ca. 500 ml geben und mit Öl auffüllen. Mindestens eine Woche durchziehen lassen. Haltbarkeit wie Chili-Öl.

Essig-**Peperoni**

150–200 g rote oder grüne Chilischoten
400–500 g Apfelessig

- Schoten waschen, Stielenden abschneiden. In 1,5–3 cm große Stücke schneiden und in ein Glas (Fassungsvolumen: etwa 750 ml) geben.
- Mit Essig aufgießen und im Kühlschrank aufbewahren. Nach 2 Wochen können die Peperoni verwendet werden.
- Sie können sowohl die Peperoni als auch den Essig zum Würzen verwenden.

Tipp
Bei mir hat diese Menge schon über ein Jahr gehalten. Man muss nur darauf achten, immer mit einem sauberen Löffel zu entnehmen.

Sowohl die Peperoni als auch der Essig würzen Speisen für den europäischen Geschmack dezent scharf; wer es schärfer möchte, nimmt einfach mehr. Eines der einfachsten Würzmittel in der Herstellung. Seit ich es entdeckt habe, darf es in meiner Küche nicht mehr fehlen!

Apfel-Zwiebel-Chutney

300 g Zwiebeln (brutto)
20 g frischer Ingwer
530 g Äpfel (6 kleine)
3 TL gem. Zitronenschale
3 TL Salz
1 geh. TL Curry
1/2 TL gem. Zimt
300 g Apfelessig
275 g Agavendicksaft (oder flüssiger Honig)
150 g Rosinen

■ Zwiebeln schälen, halbieren und mit dem ungeschälten Ingwer sowie den halbierten Äpfeln zerkleinern **(30 Sek./Stufe 5)**.

■ Restliche Zutaten hinzugeben. Zum Kochen bringen und köcheln lassen **(45 Min./90–100 °C/Stufe 1)**.

■ Leere Gläser mit Schraubverschluss mit kochendem Wasser füllen und das Wasser erst kurz vor dem Befüllen ausgießen. Die heiße Masse in die Gläser füllen, sofort den Schraubverschluss zuschrauben.

■ Gläser auf dem Kopf gestellt abkühlen lassen. Im Kühlschrank ist das Chutney bis zu 4 Wochen haltbar.

Variante: Ananas-Chutney

250 g Ananas (netto)
150 g Rosinen
3 kleine Äpfel (265 g)
4 Zwiebeln (200 g netto)
20 g frischer Ingwer
2 TL gem. Orangenschale
3 gestr. TL Salz
1 geh. TL Curry
1/2 TL gem. Zimt
300 g Apfelessig
300 g Agavendicksaft (oder flüssiger Honig)
evtl. 2 EL Rum (nach Wunsch)

■ Ananas schälen, Rosinen, geviertelte Äpfel, geschälte und geviertelte Zwiebeln und Ingwer in der Thermo-Küchenmaschine zerkleinern **(1 Min./Stufe 4)**.

■ Restliche Zutaten hinzugeben. Zum Kochen bringen und köcheln lassen **(1 Std./90 °C/Stufe 2)**. Wie oben beschrieben, umfüllen und lagern.

Hier ist die Thermo-Küchenmaschine eine echte Hilfe. Muss man sonst beim längeren Kochen solcher Speisen ständig nachschauen und rühren, macht die Maschine das jetzt alles von allein. Die Arbeitszeit an sich ist kurz. Für dieses Rezept bieten sich unendlich viele Variationen an: anderes Obst (Birnen, Pfirsiche), andere Gewürze (Koriander, Kreuzkümmel), Zugabe von Trockenfrüchten und vieles andere mehr lassen mit einer immer sehr ähnlichen Herstellungsweise viele, viele Chutneys unsere Küche bereichern.

Selleriecreme

10 g Knoblauch (netto)
200 g Sellerie
1 Apfel (140 g)
30 g frischer Ingwer, ungeschält
30 g Cashewnussmus (siehe S. 22)
25 g Apfelessig
15 g Salz
10 g Essig-Peperoni (siehe S. 31)
25 Zitronenfleisch

■ Gläser mit Schraubdeckel mit kochendem Wasser ausspülen. Knoblauch schälen. Sellerie (wenn sauber, ungeschält; sonst schälen) und Apfel grob vorschneiden.

■ Alle Zutaten in die Thermo-Küchenmaschine geben und mischen **(1 Min./Stufe 4; 10 Sek./Stufe 6)**, dabei die Masse mit dem Spatel nach unten schieben.

■ In einem Hochleistungsmixer bei steigender Geschwindigkeit schlagen, zum Schluss auf der Höchststufe, bis sich eine glatte, weiche Creme ergibt.

■ In die Gläser füllen, Gläser zuschrauben und im Kühlschrank aufbewahren (hält ca. 2 Wochen). Im Sommer kann man die Zitrone durch Rhabarber ersetzen.

Tipp
Wozu können Sie diese Creme verwenden? Zum Beispiel zum Würzen von Rohkostsuppen, siehe unten.

Ajvar

500 g Wasser
1 rote Paprikaschote (165 g netto)
1 Zwiebel (55 g netto)
1–2 Knoblauchzehen (9 g netto)
15 g Essig-Peperoni (siehe S. 31)
1 gestr. TL Salz
1 gestr. TL Paprikapulver, edelsüß
1 Prise gem. schw. Pfeffer
1 EL Essig von den Peperoni auf S. 31
1 EL Öl
2 EL Kochflüssigkeit

■ Wasser in den Mischtopf geben. Paprikaschote in Stücke schneiden. Zwiebel und Knoblauch abziehen, klein schneiden. Gemüse mit den Essig-Peperoni in den Garkorb geben und dünsten **(25 Min./100 °C/Stufe 3)**. Restliches Kochwasser auffangen.

■ Gegartes Gemüse mit den restlichen Zutaten in den Mischtopf geben und offen einkochen **(3 Min./70 °C/Stufe 3; 3 Min./90 °C/Stufe 3)**. Im Kühlschrank aufbewahren.

Rohkostsuppe für eine Person: 40 g Apfel / 150 g Stangensellerie / 65 g Möhre / 15 g Selleriecreme / 220 g Wasser / 1/2 TL Kokosraspel. Alle Zutaten außer den Kokosraspeln in der Thermo-Küchenmaschine gut mixen **(1,5 Min./Stufe 10)**. Im Hochleistungsmixer ca. 1/2 Min. auf der Höchststufe laufen lassen. In eine kleine Schüssel umfüllen und mit Kokosraspeln bestreuen.

Knoblauch-Ingwer-Paste fix

100 g Ingwer
100 g Knoblauch (netto)
55 g Apfelessig
35 g Sonnenblumenöl
15 g Salz

■ Ingwer nicht schälen und grob vorschneiden. Knoblauch abziehen, größere Zehen vierteln.

■ Alle Zutaten in die Thermo-Küchenmaschine geben und zu einer glatten Masse verarbeiten **(1 Min./Stufe 4; 15 Sek./Stufe 8)**.

■ Alternativ mit einem kleinen Mixer: 50 g ungeschälten Ingwer in Scheiben schneiden, 50 g Knoblauchzehen zerteilen. Ohne Essig, aber mit 30 g Öl und 1 TL Salz zu einer Paste schlagen.

natürlich
einfach
frisch

Special: Pflanzliche **Milch**

Veganer lehnen im Gegensatz zu Vegetariern Milch und Milchprodukte komplett ab. Es mehren sich auch wissenschaftliche Stimmen, die sich gegen Milch, gegen Tiereiweiß allgemein aussprechen.

Was ist Milch eigentlich? Ihre Konsistenz basiert auf winzigen, in Wasser verteilten Fettkügelchen. Mit einem leistungsfähigen Mixer können Sie sich eine pflanzliche Milch herstellen, die sich wie die „echte" Milch verwenden lässt. Grundlage sind Nüsse, Reis und Hülsenfrüchte. Andere Zutaten ändern den Geschmack – was auch reizvoll ist. Den Fettgehalt können wir mit Reis und/oder gekochten Hülsenfrüchten reduzieren. Milch aus der eigenen Küche hält problemlos eine Woche.

Rezepte für Pflanzenmilch gibt es viele, meist ist dies Nussmilch, die gesiebt werden muss. Sieben heißt nicht nur immer, Wertvolles abzusieben, sondern auch mehr Arbeit, vor allem wenn Leinensäckchen ins Spiel kommen, die noch gereinigt werden müssen.

Da sind die modernen Küchenmaschinen wieder eine große Hilfe, die uns die Milch so fein schlagen lassen, dass sich Sieben erübrigt. Ein eventueller Bodensatz wird einfach aufgeschüttelt. Ich habe diverse „Milchsorten" vorgestellt: Aus dem Hochleistungsmixer oder einer Thermo-Küchenmaschine sind sie sowohl in Rohkostqualität als auch erhitzt schnell zubereitet. Eigenen Experimenten sind quasi keine Grenzen gesetzt, Hanfsamen seien als ein Beispiel genannt. Ob man einige wenige Körnchen Salz hinzugibt, eine Dattel, ein paar Kerne, gekochte Hülsenfrüchte – jede Milch schmeckt anders und hat ihre Stärken.

Pflanzliche **Milch**

20 g Cashewnussmus (siehe S. 22)
einige Salzkörnchen
1 Prise gem. Vanille
325 g Wasser

■ Zutaten in der Thermo-Küchenmaschine fein mixen **(2 Min./Stufe 10)**. Im Kühlschrank aufbewahren.

■ Für Hochleistungsmixer: alle Zutaten 1 Min. oder länger laufen lassen. Aufpassen, dass es nicht zu heiß wird, da sonst die „Rohmilchqualität" verloren geht.

■ Für kleine Mixer: die Menge entsprechend anpassen (z. B. nur ein Drittel nehmen).

Tipp
Für eine einfache Sahne die Wassermenge halbieren.

Variante mit geringerem Fettgehalt
10 g Rundkorn-Naturreis
15 g Cashewnüsse
500 g Wasser

Eine Milch mit geringerem Fettgehalt ist ebenfalls möglich, das ist dann aber keine Rohkost mehr:

■ Zutaten in der Thermo-Küchenmaschine zum Sieden bringen und gleichzeitig schlagen **(2 Min./Stufe 10; 6 Min./60 °C/Stufe 6)**.

Sonnenblumenkern-Sahne

50 g Naturreis
50 g Sonnenblumenkerne
einige Salzkörnchen
325–350 g Wasser

■ Zutaten in der Thermo-Küchenmaschine einkochen **(6 Min./100 °C/Stufe 1)**; sobald es kocht, auf **Stufe 2** schalten; bis zum Kochen vergehen etwa 4,5 Min. Die Wassermenge richtet sich nach der gewünschten Konsistenz – je weniger Wasser, umso fester wird die Masse.

■ Im Hochleistungsmixer einfach auf der Höchststufe laufen lassen, bis der Becherinhalt ein wenig visköser wird (etwa 5 Min. bei kaltem Wasser).

Sie haben keine Sahne im Haus, möchten aber welche ins Essen rühren oder zur Waffel essen? Kein Problem – mit einigen haltbaren Zutaten lassen sich wohlschmeckende Cremes mit ähnlicher Konsistenz herstellen. Die Wahl der Nusssorte bestimmt Geschmack, Konsistenz und Farbe. Zwar geben Sonnenblumenkerne die beste Konsistenz, sie färben die Sahne aber ein bisschen grau, was beim Servieren ungünstig wirken kann.

Nusssahne „Sauerrahm“

50 g Cashewnüsse
50 g Rundkorn-Naturreis
300–325 g Wasser
einige Salzkörnchen
2 EL Zitronensaft (20 g)

■ Zutaten erst gut mixen und zerkleinern **(10 Sek./Stufe 10)**.

■ Aufkochen und am Ende nochmals durchmixen **(5 Min./Stufe 5/100 °C; 10 Sek./Stufe 10)**.

■ In einem Hochleistungsmixer die Zutaten so lange auf der Höchststufe laufen lassen, bis die Masse stockt (etwa 5 Min.).

Cashewnusssahne

50 g Cashewnüsse
200 g Wasser
einige Salzkörnchen
1 TL Flohsamenschalen (2 g)

■ Cashewnüsse in einem geschlossenen Behälter ca. 12 Std. einweichen.

■ Mit Einweichwasser, Salz und Flohsamenschalen in die Thermo-Küchenmaschine geben und mixen **(2 Min./Stufe 10)**. Die Sahne schmeckt leicht süßlich.

Koch**creme**

40 g Naturreis
40 g Mandeln
400 g Wasser
1 EL Zitronensaft
(10 g)
1 kleine Prise Salz

■ Alle Zutaten in der Thermo-Küchenmaschine mixen, bis der Reis andickt **(2 Min./Stufe 10; 7 Min./100 °C/Stufe 6; 10 Sek./Stufe 8)**.

■ In einem Hochleistungsmixer die Zutaten mixen, bis die Masse stockt; das dauert ca. 4–5 Minuten.

Wer keinen Mixer mit solcher Laufleistung besitzt, mahlt die Hälfte der Kerne bzw. Reiskörner, kocht sie mit Salz und der Hälfte des Wassers auf und püriert die Masse. Eventuell noch Wasser zum Verdünnen dazugeben. In einem kleinen Mixer die Menge entsprechend anpassen (z.B. nur ein Drittel nehmen).

Mais**mayonnaise**

220 g Maiscreme
[siehe S. 43]
5/10 g Salz
1 gute Prise
schw. gem.
Pfeffer
20/30 g Senf
mittelscharf
15/30 g Zitronensaft
80 g Wasser

■ Zutaten in die Thermo-Küchenmaschine geben und mixen **[20 Sek./Stufe 4; 5 Sek./Stufe 6].**

■ Wer diese Mayonnaise für Kartoffelsalat verwenden möchte, sollte jeweils die größere angegebene Menge von Salz, Senf und Zitronensaft nehmen, die Kartoffeln „saugen" die Würze auf.

■ Wer eher eine Remoulade möchte, nimmt nur 10 g Senf und 10 g Zitronensaft und fügt ein paar Tropfen Ahornsirup hinzu.

Tipp
Diese Mayonnaise funktioniert auch im Hochleistungsmixer perfekt.

Ich habe Kartoffelsalat mit dieser Mayonnaise schon häufig Gästen vorgesetzt. Keiner hat gemerkt, dass diese Mayonnaise kein Öl und nur einen ganz geringen Fettanteil [über die Nüsse] enthält. Alle haben kräftig zugelangt. Man sollte allerdings niemals vorher erwähnen, was hier das Besondere ist – dann sind viele Esser nämlich schon voreingenommen. Dasselbe gilt auch für Hülsenfrüchte in Süßspeisen.

Maiscreme

50 g Maiskörner
10 g Rundkorn-Naturreis
20 g Cashewnüsse (oder Sonnenblumenkerne)
einige Salzkörnchen
350 g Wasser

■ Getreide in der Thermo-Küchenmaschine mahlen, dafür etwas Haushaltsfolie über den Mischtopf spannen und den Deckel aufsetzen **(1 Min./Stufe 10)**.

■ Restliche Zutaten hinzufügen und fein mixen **(1 Min./Stufe 10)**. Das Gerät auf **4 Min./100 °C** stellen. Geschwindigkeit langsam hochdrehen und eine Weile schlagen **(1 Min./100 °C/Stufe 6)**, für die restlichen 3 Minuten etwas „langsamer" arbeiten **(3 Min./Stufe 5)**.

■ Inhalt in eine Schüssel gießen. Belag von Deckel und Becher abkratzen und in einer Schüssel mit der flüssigen Creme verrühren.

■ Abkühlen lassen und in einem verschlossenen Behälter im Kühlschrank aufbewahren.

Tipp
Eine gute Basis für Mayonnaise, Pizzabelag und auch Süßspeisen.

Kapitel 2 **Getreide**

Ein Leben ohne Getreide wäre für mich ein Albtraum. Getreide hat die Menschen seit Urzeiten begleitet, schon in Höhlenmalereien taucht es auf. Praktisch alle Völker dieser Welt haben Getreide in ihren „Ernährungsplan" aufgenommen. Bei uns sind Weizen, Roggen und Hafer die bekanntesten, in Asien ist es der Reis, in Südamerika der Mais usw. Bei „Getreide" denken wir als Erstes an Brot. Aber Getreide ist in so vielen Köstlichkeiten enthalten: im Frühstücksmüsli, in Nudeln, Brötchen, Pizza, Pudding, einer schier unendlichen Liste. Musste man früher Fertigmehl kaufen oder mit einer eigenen Getreidemühle das Korn zu Mehl vermahlen, so ist es heute auch mit anderen modernen Maschinen möglich, selbst zu mahlen und sich somit die geballte Gesundheit einfach ins Haus zu holen. Reformhäuser, Bio-Läden, aber auch gut geführte Super- und Drogeriemärkte bieten uns alles vom Standardgetreide bis zum ausgefalleneren Pseudogetreide (wie Quinoa und Amaranth). Auch ist es heute recht einfach, Getreide in bester Bio-Qualität direkt beim Erzeuger zu bestellen.
Der beste Test für die Qualität von Getreide ist der Keimtest: Je höher der Anteil der keimenden Körner, umso besser das Getreide für die Verwertung durch den Körper.

natürlich
einfach
frisch

Frischkorngericht nach Bruker

Für 2 Portionen
6 EL Getreide (100 g; ich nehme Sechskorngetreide, eine Mischung aus Buchweizen, Weizen, Hafer, Roggen, Gerste und Dinkel)
160 g Wasser
20 g Zitronenfleisch (geschält, ohne Kerne)
20 g Mandeln
1 großer Apfel (210 g)
2 Bananen (250 g netto)

Für die Dekoration
1/2 Kaki, in Scheiben geschnitten, oder anderes Obst der Saison

■ Getreide in der Thermo-Küchenmaschine mittelfein schroten **(15 Sek./Stufe 8)**. Wichtig ist, dass es erst unmittelbar vor der Zubereitung zerkleinert wird.

■ Getreide mit 160 g Wasser verrühren. Abgedeckt 4–8 Std. stehen lassen, aber nicht in den Kühlschrank stellen. Nur bei Raumtemperatur entwickeln sich in dieser Zeit wertvolle Enzyme. Deshalb eignet sich dieses Frischkorngericht auch gut als Frühstück, denn über Nacht kann es stehen.

■ Zitronenfleisch, Mandeln und vorgeschnittenen Apfel in der Thermo-Küchenmaschine raffeln **(30 Sek./Stufe 4)**.

■ Bananen schälen, in Stücke brechen und hinzufügen, noch einmal mixen **(10 Sek./Stufe 4)**.

■ Getreideschrot unter das Obstpüree ziehen **(10 Sek./Stufe 3/rückwärts oder 15 Sek./Stufe 1)**.

■ Auf zwei Schüsselchen verteilen und mit den Kakischeiben dekorieren.

Variante
Bananen nicht in die Maschine geben, sondern in Scheiben schneiden und per Hand unterziehen.

Wichtig ist, dass Sie das Getreide auch einmal wechseln, wenn Sie nicht sowieso eine Mehrkornmischung verwenden. Das sind nicht nur Geschmacks-, sondern auch Inhaltsstoffvarianten, die sich wertvoll ergänzen. Es gibt Menschen, die eingeweichtes Getreide nicht mögen. Dann sind frische Flocken ein guter Einstieg. Hafer und Buchweizen können auch unverarbeitet verzehrt werden, d.h. man kann sie gut mit auf Reisen nehmen.

Haselnussfrühstück
à la Schnitzer

50 g Haselnüsse und Wasser zum Einweichen (Haselnüsse sollen bedeckt sein)
220 g Wasser
120 g Sechskorngetreide
2 Apfelsinen (260 g netto)
10 g Zitronenfleisch (ohne Kerne, ohne Schale)
1 Apfel (210 g)
1 Banane (110 g netto)

■ Am Abend vorher Haselnüsse in etwas Wasser einweichen. Wasser auf zwei kleine Schüsseln verteilen, Sechskorngetreide mittelfein schroten **(10 Sek./Stufe 8)** und jeweils in das Wasser laufen lassen. Wenn nötig mit einer Gabel herunterdrücken.

■ Abgedeckt bei Raumtemperatur über Nacht stehen lassen. Am Morgen Apfelsinen schälen und halbieren, von einer Hälfte sechs dünne Halbscheiben abschneiden. Die andere Hälfte mit Zitronenfleisch und Apfel in der Thermo-Küchenmaschine pürieren **(10 Sek./Stufe 8)**.

■ Sechs Haselnüsse beiseitelegen. Restliches Obst in den Mixer geben, hacken **(5 Sek./Stufe 4)**. Danach die Haselnüsse **(5 Sek./Rückwärtslauf/Stufe 2)**. Masse auf die Schüsselchen verteilen. Oberfläche glätten. Die Apfelsinenscheiben leicht überlappend in die Mitte des Gerichts legen, jeweils 3 Haselnüsse daraufsetzen.

Tipp
Ich weiche Nüsse ein, weil das gerade festen Nüssen, wie z. B. Haselnüssen und Mandeln, einen sehr frischen Geschmack verleiht.

Kaki-Pampelmusen- Frühstück

3 EL Hafer (möglichst Nackthafer)
60 g Cashewnusssahne (siehe S. 40)
1 Pampelmuse geschält (225 g netto)
1 Kaki (100 g)
1 TL Gojibeeren

■ Hafer flocken (zur Not: fertige Haferflocken nehmen) und in eine Schüssel geben.

■ Die restlichen Zutaten in der Thermo-Küchenmaschine raffeln **(20 Sek./Stufe 4)**, auf den Hafer gießen.

■ Mit Gojibeeren dekorieren.

Tipp
Fertig gekaufte Flocken sind immer hitzebehandelt, weil sie sonst ranzig werden. Mit der Hitzebehandlung gehen natürlich auch wertvolle Inhaltsstoffe verloren. Nackthafer hat einen höheren Gehalt an Fett- und Bitterstoffen.

Fruchtiges **Sonntagsfrühstück**

Für 2 Portionen
6 EL Sechskorngetreide (siehe S. 46)
160 g Wasser
2 Bananen (205 g netto)
5 g Zitronenfleisch
Fruchtfleisch von 1/2 Avocado (50 g netto)
1 Kaki (230 g)
1 kleiner Apfel (100 g)
2 TL Cashewnusssahne (siehe S. 40)
2 Mandeln

■ Abends das Getreide grob schroten **(10 Sek./Stufe 8)** und auf zwei Schüsseln verteilen.

■ Mit dem Wasser übergießen und abgedeckt über Nacht (mindestens 4 Std.) bei Raumtemperatur stehen lassen.

■ Morgens das Obst wenn nötig schälen und in grobe Stücke teilen. Eine Kakihälfte für die Dekoration beiseitelegen und das restliche Obst pürieren **(20 Sek./Stufe 4; 2 Sek./Stufe 8)**. Auf das Getreide gießen.

■ Restliche Kakihälfte in Scheiben schneiden und damit die Mitte des pürierten Obstes abdecken. Ganz in die Mitte die Sahne geben, jeweils eine Mandel hineinstecken.

Hirse mit Paprika-Spitzkohl

Für 2 Portionen
160 g Hirse
(500 g Wasser)
55 + 50 g Wasser
200 g Spitzkohl
1/2 rote Paprika, ohne Kerne und Innenwände (netto)
25 g Selleriecreme (siehe S. 34) oder 1 TL getr. Kräuter
1/4 TL gem. Kreuzkümmel
1 gestr. TL Salz
65 g gekochte rote Linsen

■ Hirse in den Gartopf füllen, 500 g Wasser in den Mischtopf gießen. Gartopf einhängen und Hirse garen **(20 Min./100 °C/ Stufe 1)**. Am Anfang, wenn es kocht, muss man aufpassen, dass es nicht zu stark überläuft: Kurz den kleinen Deckel entfernen, einige Min. warten. Dann gart die Hirse ohne weitere Schaumbildung.

■ 55 g Wasser in eine kleine Keramik-Pfanne (20 cm) geben. Spitzkohl in feine Streifen schneiden, Paprika würfeln. Spitzkohl und Paprika in die Pfanne geben.

■ Deckel auflegen, auf höchster Einstellung zum Kochen bringen, bis Dampf unter dem Deckel austritt. Auf kleinste Einstellung drehen und 15 Min. dünsten, ohne den Deckel abzuheben.

■ Die restlichen Zutaten mit 50 g Wasser für die Soße in einem kleinen Mixer gut mixen. Unter das Gemüse rühren und einmal aufkochen.

Tipp
Hirse lässt sich hervorragend in einer Thermo-Küchenmaschine kochen und wird herrlich locker.

Hirse mit **Blumenkohl** (scharf)

5 g Öl
100 g Hirse
300 g + 50 g + 70 g Wasser
150 g Blumenkohl
30 g Rosenkohl (netto)
50 g Tiefkühlerbsen
20 g Cashewnussmus (siehe S. 22)
1 TL Essig von den Peperoni auf S. 31
1 TL Salz

■ Öl in den Topf eines Reiskochers geben, Hirse und 300 g Wasser hinzufügen. Kochen lassen.

■ 50 g Wasser in eine Pfanne (24 cm) geben. Blumenkohl klein schneiden, Rosenkohl putzen (äußere schlechte Blätter abziehen) und halbieren, mit Tiefkühlerbsen und Blumenkohl in die Pfanne geben.

■ Deckel auflegen, auf höchster Einstellung zum Kochen bringen, bis Dampf unter dem Deckel entweicht. Auf kleinste Einstellung drehen und 10 Min. dünsten, ohne den Deckel abzuheben.

■ Die restlichen Zutaten mit 70 g Wasser in einem kleinen Mixer verquirlen, unter das Gemüse rühren und kurz aufkochen. Hirse neben dem Gemüse auf dem Teller servieren.

Tipp
Man kann die Hirse auch in der Thermo-Küchenmaschine garen, wie oben in dem Rezept beschrieben.

Lasagne

2 kleine oder 1 sehr große Portion

Für die Nudeln
40 g Kamut
40 g Dinkel
1/2 TL Salz
40 g Pflanzenmilch (siehe S. 38)

Für die Tomatensoße
1/2 rote Zwiebel (30 g netto)
1 Knoblauchzehe (7 g netto)
120 g Blumenkohl
1 Tomate (115 g)
1 EL gekochte rote Linsen (25 g)
90 g Wasser
1 TL Paprikapulver, edelsüß
1 Prise Muskatnuss
1/2 TL gem. Kümmel
1 gestr. TL Salz
1/2 EL Tomatenmark (15 g)
30 g Roggen

■ Für die Nudeln das Getreide fein mahlen, dazu den Mischtopf der Thermo-Küchenmaschine mit Haushaltsfolie überspannen **(1 Min./Stufe 10)**.

■ Mit Salz mischen und mit der Pflanzenmilch zu einem Teig kneten **(2 Min./Knetstufe bzw. Stufe 2–3)**. Es ergeben sich Krümel wegen der geringen Menge, mit der Hand kurz nachkneten. Zu einer Kugel formen, in eine Plastiktüte wickeln und 1–2 Std. ruhen lassen.

■ Den Teig vierteln (wiegen; jedes Teigstück wog bei mir 29 g) und die Teigportionen auf einer glatten Fläche jeweils in Größe der Lasagneform ausrollen. Den Teig ab und zu umdrehen, immer wieder anheben, um zu kontrollieren, dass er nicht an der Unterlage klebt.

■ Für die Tomatensoße Zwiebel, Knoblauch und Blumenkohl grob vorschneiden und hacken **(20 Sek./Stufe 4)**.

■ Tomate grob vorschneiden und mit Linsen, Gewürzen, Salz, Wasser und Tomatenmark hinzufügen, gut mischen **(30 Sek./Stufe 4)**. Roggen flocken und unterrühren **(10 Sek./Stufe 2)** und umfüllen.

■ Für die weiße Soße alle Zutaten in der Thermo-Küchenmaschine gut verquirlen **(30 Sek./Stufe 4 und 1 Min./Stufe 10)**.

■ Eine Lasagne- oder andere geeignete Form nehmen. Bei Keramikformen geht es ohne Einfetten. 2 EL der roten Soße auf dem Boden ausstreichen. Eine Nudelplatte darauflegen. 3 EL der weißen Soße darübergießen, den Rest der roten Soße gefolgt von der zweiten Nudelplatte darauflegen und mit weißer Soße abschließen.

■ Die Form mit der Lasagne auf dem Gitterrost in den kalten Ofen schieben und bei 225 °C (Heißluft) 30 Min. backen, zum Schluss noch 5 Min. grillen.

Für die weiße Soße
20 g Cashewnüsse
20 g Hafer (bzw. Nackthafer) oder Haferflocken
40 g gekochte rote Linsen
150 g Wasser
1 gestr. TL Salz
1/2 TL Schabzigerklee
1 Prise geriebene Muskatnuss

Die Lasagne ist sehr saftig, auch wenn es vielleicht auf den ersten Blick nicht so aussieht. Wer dennoch mehr Soße möchte, nimmt von den Zutaten für die weiße Soße etwa 50 Prozent mehr.

Quinoa-Hirse
mit Zwiebel-Maronen

Für das Getreide
65 g Quinoa
60 g Hirse
310 g Wasser
35 g Essig von den Peperoni auf S. 31
1 gestr. TL Gemüsesalz (siehe S. 29)

Für die Zwiebeln
25 g Erdnussöl
1 TL Kreuzkümmel
1 TL getr. Granatapfelkerne
2 Zwiebeln (125 g netto)
1 TL Kräutersalz
2 cm Peperoni
70 g gekochte Maronen

■ Quinoa und Hirse mit Wasser und Essig zum Kochen bringen, auf schwache Hitze stellen und 16 Min. dünsten lassen.

■ Salz unterrühren. Vor dem Servieren die Masse in mit kaltem Wasser ausgespülte Förmchen drücken und auf einen Teller stürzen.

■ Erdnussöl in einer kleinen Pfanne (20 cm) erhitzen, Kreuzkümmel und Granatapfelkerne darin anrösten.

■ Zwiebeln schälen, in Ringe schneiden, mit anbraten. Salzen. Solange bei mittlerer Hitze braten, bis die Zwiebelringe leicht bräunlich sind. Maronen und Peperoni darin anbraten.

■ Die Soßenzutaten in einem kleinen Mixer verquirlen und kalt zum Essen servieren.

Für die Soße
25 g Cashewnussmus (siehe S. 22) oder Mandelpaste
1 EL Wasser
1/4 Kaki (125 g netto)
35 g Essig von den Peperoni auf S. 31
1 TL Gemüsesalz (siehe S. 29)

Tipp
Wer nicht gerne scharf isst, ersetzt den Essig zum Kochen durch Wasser und nimmt für die Soße normalen Essig. Statt einer Kakifrucht eignet sich auch anderes säuerliches Obst.

Quinoa und Hirse lassen sich auch im Gartopf der Thermo-Küchenmaschine garen. Wasser, Essig und Salz in den Mischtopf gießen, Getreide in den Garkorb füllen, diesen in das Gerät einhängen und garen **(20 Min./100 °C/Stufe 1)**. Dies lohnt besonders, wenn das Rezept mit der doppelten Menge für zwei Personen gekocht wird.

Flammkuchen mit Pastinaken und glacierten Pekannüssen

Für 2 Portionen

Für die glacierten Nüsse
50 g Pekannüsse
20 g Ahornsirup

Für den Teig
200 g Weizen
1/2 TL Salz
1 Prise gem. schw. Pfeffer
1 Prise geriebene Muskatnuss
4 g Ahornsirup
115 g Wasser
Streumehl

Für den flüssigen Belag
4 g Ahornsirup
4 g Apfelessig
150 g Tomaten, stückig (aus der Dose)
1 Prise gem. Zimt
100 g gekochte rote Linsen
10 g Mandelpaste

■ Pekannüsse grob hacken, z.B. in der Thermo-Küchenmaschine **(5 Sek./Stufe 4)**.

■ In einer kleinen Keramik-Pfanne (20 cm) den Sirup erhitzen, gehackte Nüsse hinzufügen und unter Rühren erhitzen, bis sich dunklere Ahornsirup-Streifen zeigen. Auf Backpapier auskühlen lassen.

■ Für den Teig den Weizen fein mahlen, dafür den Mischtopf der Thermo-Küchenmaschine vor Aufsetzen des Deckels mit Haushaltsfolie überziehen **(40 Sek./Stufe 10)**.

■ Die restlichen Teig-Zutaten hinzufügen und verkneten **(2 Min./Knetstufe bzw. Stufe 2–3)**.

■ Teig zur Kugel formen, in das Stück Haushaltsfolie gewickelt an einem warmen Ort (Heizkörper) mind. 2–3 Std. ruhen lassen.

■ Teig halbieren (bei mir jede Hälfte 200 g) und passend zu einem Backblech mit Hilfe von Streumehl zu zwei dünnen Teigzungen ausrollen und auf das Backblech legen.

■ Die Zutaten für den flüssigen Belag mixen **(20 Sek./Stufe 4; 5 Sek./Stufe 5)**.

■ Für den Gemüsebelag alle Zutaten mit der Hand schneiden: Pastinaken in dünne Scheiben, Zwiebel in Würfel und Paprika in feine Streifen.

■ Backofen (Ober- und Unterhitze) auf 250 °C vorheizen. Belag auf die Teigzungen streichen.

■ Zungen mit Salz und Pfeffer bestreuen. Zwiebelwürfel und Paprikastreifen darauf verteilen, Pastinakenscheiben dachziegelartig darauflegen.

■ Die Pastinakenscheiben mit Öl bepinseln. 12 Min. im heißen Ofen backen und noch heiß mit den Pekannüssen bestreuen.

Für den Gemüsebelag
Salz
Pfeffer
220 g Pastinaken
35 g rote Zwiebel (netto)
25 g grüne Paprika (netto)
1 EL Sonnenblumenöl

Tipp
Statt Ahornsirup kann man auch Honig nehmen.

Gefüllte **Paprika**

Für die Paprika
100 g Brot
100 g warmes Wasser
35 g Zwiebel (netto)
100 g Blumenkohl
1 TL Salz
1/2 TL Paprikapulver, edelsüß
1 große rote Paprika (ca. 210 g netto)
100 g Wasser

Für die Soße
25 g Cashewnussmus (siehe S. 22)
100 g Nusssahne „Sauerrahm" (siehe S. 40)
7 g Zitronenfleisch
75 g gekochte rote Linsen

■ Brot in Stücke teilen und mit dem warmen Wasser übergießen, 30–120 Min. stehen lassen, die Einweichzeit richtet sich danach, wie trocken das Brot ist.

■ Zwiebel fein würfeln. Mit Blumenkohl, Salz und Paprikapulver in den Mischtopf füllen. Zerkleinern **(20 Min./Stufe 4)** und miteinander verkneten **(1 Min./Knetstufe oder Stufe 2–3)**.

■ Paprika halbieren, Kerne und Zwischenwände entfernen, mit der Öffnung nach oben in eine Keramik-Pfanne (24 cm) legen. Die Füllung auf die beiden Paprikahälften verteilen, die Füllung sollte etwas höher als die Paprika sein.

■ 100 g Wasser in die Pfanne geben, den Deckel auflegen. Auf höchster Einstellung zum Kochen bringen, bis Dampf unter dem Deckel austritt. Auf kleinste Einstellung drehen und 20 Min. dünsten, ohne den Deckel abzuheben. Ofen (Heißluft) auf 200 °C vorheizen.

■ Inzwischen für die Soße alle Zutaten in der Thermo-Küchenmaschine pürieren **(40 Sek./Stufe 7)** und über die Paprika gießen.

■ In den heißen Ofen setzen und 15 Min. bei 200 °C backen. Die Paprika aus der Form heben, auf einen Teller geben und mit der Soße auf dem Teller servieren.

Tipp
Das Rezept reicht als Hauptmahlzeit gut für eine Person. Mit Beilagen kann man es auch als Hauptspeise für zwei Personen servieren.

Brot-**Quiche**

Für 2 Portionen
etwa 225 g Brot
2–3 Zwiebeln (165 g netto)
20 g Zitronenfleisch (ohne Kerne und Schale)
300 g Wasser
100 g gekochte rote Linsen
30 g Cashewnussmus (siehe S. 22)
1 TL Gemüsesalz (siehe S. 29)
1/2 TL gem. Kreuzkümmel
20 g weiße Chiasamen (oder weißer Mohn)
1 TL gem. Schwarzkümmel

■ Brot in 3–4 mm dicke Scheiben schneiden, am besten geht das mit einer Brotschneidemaschine. Eine Pizzaform (28 cm) damit auslegen. Zwiebeln schälen, in dünne Scheiben schneiden und auf dem Brot verteilen.

■ Zutaten bis auf den Schwarzkümmel zu einer dicklichen Soße schlagen **(10 Sek./Stufe 10)**. Gleichmäßig über die Zwiebeln und das Brot geben, mit Schwarzkümmel bestreuen.

■ In den kalten Ofen schieben und 25–30 Min. bei 230 °C (Heißluft) backen. 5 Min. im ausgestellten Ofen nachbacken. Die Oberfläche soll an einigen Stellen leicht gebräunt sein.

Cannelloni mit Linsenfüllung

Für 2 Portionen

Für den Teig
60 g Weizen
60 g Kamut (oder Emmer)
10 g Leinsamen
1 Prise Salz
65 g Wasser

Für die Füllung
125 g Linsensprossen (Keimzeit ca. 48 Std., 50–60 g Rohgewicht der Linsen)
50 g Roggen
1/2 TL Salz
1 Prise gem. schw. Pfeffer
ca. 100 g Wasser

Für die Soße
20 g Cashewnussmus (siehe S. 22)
20 g Zitronenfleisch
1/2 TL Salz
50 g gekochte rote Linsen
1/2 TL Currypulver
1 gestr. TL Paprikapulver, edelsüß
350 g Wasser

■ Getreide mit Leinsamen mischen und in der Thermo-Küchenmaschine fein mahlen **(1 Min./Stufe 10)**.

■ Mit den anderen Teigzutaten verkneten **(30 Sek./Stufe 3; 1 Min. Knetstufe oder 1 Min. 30 Sek./Stufe 3)**. Aus dem Mischtopf nehmen, mit der Hand glatt kneten und zu einer Kugel formen. In Haushaltsfolie wickeln und 2–4 Std. ruhen lassen.

■ Roggen flocken. Für die Füllung Linsensprossen und Roggenflocken in 2 EL kochendem Wasser sautieren, salzen, pfeffern. Wasser dazugeben, bis die Linsen fast gar sind (etwa 10 Min.).

■ Den Teig halbieren. Jede Hälfte nochmals teilen, in Länge der Auflaufform dünn ausrollen. Das ergibt 4 Teigrollen. Je 2 EL Füllung in die Mitte legen, Rolle schließen, festdrücken und in die Auflaufform legen.

■ Die Soßenzutaten gut schlagen **(1 Min./Stufe 8; 10 Sek./Stufe 10)**. Soße über den Cannelloni verteilen. Ofen auf 200 °C (Heißluft) vorheizen und die Cannelloni 30 Min. backen.

Rote-Bete-**Bolognese**

1 große Knoblauchzehe (10 g netto)
150 g Rote Bete (netto)
1 EL Rum
1 Lorbeerblatt
1/2 TL getr. Thymian oder frische Kräuter
2 EL Apfelessig
150 g Tomaten, stückig, aus der Dose
70 g Wasser
1 TL Salz
1 gute Prise schw. gem. Pfeffer
1 gestr. TL Cashewnussmus (siehe S. 22)
1 TL Agavendicksaft (oder Honig)

■ Knoblauch abziehen, würfeln. Rote Bete waschen, Enden abtrennen und grob vorschneiden. Mit dem Knoblauch raffeln **(5 Sek./Stufe 5)**. Rum, Lorbeerblatt, Kräuter, Essig, Tomaten und Wasser hinzufügen und garen **(25 Min./100 °C/Stufe 1)**.

■ Salz, Pfeffer, Nussmus und Süßungsmittel hinzufügen, noch 1 Min. kochen. Mit Salz abschmecken.

■ Dazu passen Nudeln, Reis oder auch Kichererbsen-Schnecken (Rezept siehe S. 119).

Polenta-Pie

15 g getrocknete Tomaten
3 EL Marinade der marinierten Roten Bete (siehe S. 122) oder Apfelessig
85 g Speisemais (nicht verwechseln mit Popcorn-Mais!)
300 g Wasser
1/2 TL Salz
1 gute Prise gem. Muskat
10 g Cashewnussmus (siehe S. 22)
20 g schwarze kernlose Oliven
1/2 Tomate (65 g)
30 g tiefgekühlte Maiskörner
1/2 TL getr. gerebelter Basilikum
60 g gekochte weiße Bohnen
30 g Wasser
1 Prise Schabzigerklee
1/2 TL Paprikapulver, edelsüß

■ Getrocknete Tomaten in Streifen schneiden, mit der Marinade übergießen und ca. 2 Std. quellen lassen.

■ Speisemais grob mahlen **(30 Sek./Stufe 8)**, er fühlt sich noch körnig an. Wasser mit Salz, Muskat und Cashewnussmus in einem kleinen Topf aufkochen, den Mais unter Rühren mit einem Schneebesen einrieseln lassen. Sollten sich Klumpen bilden, muss man fester schlagen. Unter Rühren 2–3 Min. auf mittlerer Einstellung kochen.

■ Ofen auf 180 °C (Heißluft) vorheizen. Mais in eine 22,5 cm große, runde Pieform gießen und gleichmäßig ausstreichen. Mit längs halbierten Oliven, den abgetropften getrockneten Tomaten, der in Scheiben geschnittenen Tomate und den Maiskörnern belegen. Mit Basilikum bestreuen.

■ Die restlichen Zutaten in einem kleinen Mixer verquirlen und mit einem Esslöffel über das Gemüse verteilen. In den heißen Ofen schieben und 20 Min. backen.

Muskatpizza

Für 2 Portionen

Für den Teig
100 g Kamut
100 g Dinkel
1/2 TL Salz
1 EL Maiscreme (siehe S. 43)
105 g Wasser
10 g frische Bio-Hefe (1/4-Würfel)

Für den roten Belag
30 g Wasser
1/2 TL Salz
1 Prise gem. schw. Pfeffer
1 TL Agavendicksaft (5 g) oder Honig
2 TL Apfelessig (6 g)
1 Prise gem. Kreuzkümmel
1 kleine Prise gem. Zimt
60 g Linsenaufstrich Rote Bete (siehe S. 26) (oder passierte Tomaten)

■ Etwa 2 Std. vor dem Servieren den Teig herstellen: Getreide mischen und fein mahlen **(1 Min./Stufe 10)**.

■ Salz, Maiscreme und Wasser hinzugeben, die Hefe daraufbröseln. Gründlich kneten **(2,5 Min./Stufe 3 bzw. Knetstufe)**. Mit den Händen zu einer Kugel formen und an einem warmen Ort zugedeckt (d.h. in einer gut bemessenen, gut abgedeckten Schüssel) mindestens 2–3 Std. ruhen lassen.

■ Zutaten für den roten Belag mit einem kleinen Mixer mischen. Dann die Zutaten für den weißen Belag ebenfalls mit einem kleinen Mixer gut mixen und eine Weile stehen lassen.

■ Muskatkürbis (ohne Kerne, ungeschält) raffeln **(30 Sek./Stufe 4; 5 Sek./Stufe 5)**. Tomate in dünne Scheiben schneiden.

■ Backofen (Heißluft) auf 235 °C vorheizen. Teig in einer passenden Antihaft-Form (28 cm) zu einer runden Pizza ausrollen, evtl. Streumehl zu Hilfe nehmen.

■ Den roten Belag daraufstreichen. Mit Muskatkürbis und Tomatenscheiben belegen. Nach Belieben mit Pizzakräutern bestreuen. Den weißen Belag mit einem Löffel darauf verteilen. 15 Min. bei 235 °C backen.

Für den weißen Belag
50 g gekochte rote Linsen
90 g Maiscreme (siehe S. 43)
50 g Maismayonnaise (siehe S. 42)
50 g Wasser
1/2 TL Salz
etwas gem. Schabzigerklee

Für den Gemüsebelag
215 g Muskatkürbis (netto)
1 Tomate
nach Geschmack: Pizzakräuter

Tipp
Maiscreme und Maismayonnaise lassen sich durch gekochte rote Linsen oder einen (ungesüßten) Pudding ersetzen; wer den Rote-Bete-Linsenaufstrich nicht hat, nimmt 50 g gekochte rote Linsen und 10 g Rote Bete.

Pfannenpizza mit Blumenkohl

Für den Teig
90 g Getreide, z. B. 20 g Dinkel, 50 g Weizen, 20 g Kamut
1 gute Prise Salz
10 g frische Bio-Hefe (1/4 Würfel)
55 g Wasser
1 knapper TL Apfelessig

Für den Gemüsebelag
35 g Wasser
1 Zwiebel (35 g netto)
1 Knoblauchzehe (10 g netto)
150 g Blumenkohl

Für den Tomatenbelag
65 g Tomaten, stückig (Dose)
10 g Apfelessig
1 TL Ahornsirup
20 g gekochte rote Linsen
5 g Cashewnussmus (siehe S. 22)

■ Für den Teig das Getreide in der Mühle oder in der Thermo-Küchenmaschine mahlen **(50 Sek./Stufe 10)**.

■ Alle Zutaten in den Mischtopf geben und kneten **(2 Min./Knetstufe bzw. Stufe 2–3)**. Der Teig ist sehr weich. Zu einer Kugel formen und gut abgedeckt 30 Min. gehen lassen. In dieser Zeit die Beläge vorbereiten.

■ Wasser in eine Pfanne (20 cm) geben. Zwiebel und Knoblauch abziehen und würfeln. Blumenkohl klein schneiden. Das Gemüse in die Pfanne geben, Deckel auflegen, auf höchster Einstellung zum Kochen bringen, bis Dampf unter dem Deckel austritt.

■ Auf kleinste Einstellung drehen und 10 Min. dünsten, ohne den Deckel abzuheben. Danach evtl. überstehendes Wasser abgießen.

■ Die Zutaten für den Tomatenbelag mit einem kleinen Mixer zu einer glatten Masse schlagen. Stehen lassen, es geliert. Nimmt man statt des Essigs die Marinade von der Roten Bete (Rezept siehe S. 122), gibt das eine schöne Farbe.

■ Die Zutaten für den Deckbelag mit einem kleinen Mixer (hoch stehendes Messer) glatt schlagen.

■ Den Teig mit reichlich Streumehl in Größe des Pfannenbodens auseinanderdrücken. Mehrmals mit der Gabel einstechen. Eine Keramik-Pfanne (24 cm) mit Öl einreiben. Pfanne erhitzen (Stufe 11 von 14). Teig hineingeben, Hitze auf 8 von 14 stellen und 30 Sek. braten. Mit der Hand lockern und verschieben, um sicherzustellen, dass der Teig nicht am Boden festhängt. Deckel auflegen. 7 Min. braten, nach 3 Min. die Herdplatte auf Stufe 6 (von 14) stellen.

■ Die Teigplatte umdrehen, mit Tomatenbelag bestreichen. Das Gemüse darüber verteilen, die Tomate in Scheiben schneiden und darauflegen.

■ Mit Pizzagewürz bestreuen und den Deckbelag daraufgeben. Deckel wieder auflegen und weitere 7 Min. erst auf Stufe 8, nach 3 Min. auf Stufe 6 braten. Auf einem großen Teller servieren.

Für den Deckbelag
50 g gekochte rote Linsen
3–4 g Zitronenfleisch
eine gut Prise Salz
20 g Wasser
5 g Cashewnussmus (siehe S. 22)

Für die Fertigstellung
1/2 TL Öl
1/2 Tomate (70 g)
1/2 TL Pizzagewürz

natürlich
einfach
frisch

Special: **Brot** selbst backen

Brot ist ein ganz alter Wegbegleiter des Menschen. Wurden anfangs noch einfache Fladenbrote ohne Triebmittel gebacken, so soll die Entdeckung des Sauerteigs in die Zeit der alten Ägypter fallen. Es gibt Vermutungen, dass einfach jemand den Teig vergessen hat. Dann hat er mit dem gegorenen Teig weitergebacken und war ganz begeistert, wie lecker das schmeckt. Das Arbeiten mit Wildhefe (nicht in diesem Buch) vermittelt auch einen Eindruck, wie es von den Anfängen des Backens bis zur Standardisierung eine Weile gedauert hat.

Deutschland ist das Land mit den meisten Brotsorten. Brot ist auch in der bäuerlichen Vergangenheit tief verwurzelt. Wer einmal angefangen hat, wird so schnell vom Brotbacken nicht wieder loskommen.

Leckere Brote aus dem eigenen Ofen vermitteln ein großes Gefühl der Zufriedenheit, schmecken besser als das beste Bäckerbrot und sind immer gerne gesehene Mitbringsel. Ich habe den Brotbackeinstieg über den Brotbackautomaten genommen, andere über einen Brotbackkurs oder einfach ein Buch. Die meisten bleiben irgendwie dabei.

Viele Menschen, auch gewiefte Hobbybäcker, schrecken vor dem Brotbacken zurück. Das ist schade. Ich habe nämlich noch niemanden getroffen, der ein normales Bäcker- und erst recht kein Discounter-Brot einem leckeren selbst gemachten Laib vorzieht. Gerade die modernen Hochleistungsmixer und Thermo-Küchenmaschinen, die wir häufig kaufen, ohne ans Getreidemahlen zu denken, eröffnen uns ganz einfach den Weg zum selbst gebackenen Brot.

Das **einfachste Brot** der Welt

Für 1 Brot-Kastenform von 30 cm
1 erbsengroßes Stück Bio-Hefe (ersatzweise 1 gestr. TL Trockenhefe)
600 g kaltes Wasser
500 g Dinkel
160 g Einkorn
120 g Buchweizen (oder Gerste)
2 TL fertig gekauftes Brotgewürz
3 flach gestr. TL Salz
50 g Sonnenblumenkerne
30 g Sesam, ungeschält
Butter und Sesam für die Form

■ Am Abend vorher Hefe und Wasser mit einem Löffel gut verrühren, bis sich die Hefe gelöst hat. Getreide in drei Portionen (2 x 250 g Dinkel; Einkorn und Buchweizen zusammen) fein mahlen **(jeweils 1 Min./Stufe 10)**. Mischtopf mit einem Stück Haushaltsfolie überspannen, dann staubt es nicht so sehr.

■ Mehl mit Brotgewürz, Salz, Sonnenblumenkernen und Sesam mischen, zum Hefewasser geben und mit einem Löffel verrühren, bis kein trockenes Mehl mehr zu sehen ist. Da der Teig sehr stark geht, eine großzügig bemessene Teigschüssel wählen! Die Schüssel in eine Plastiktüte stecken und auf der Fensterbank etwa 10–12 Std. stehen lassen.

■ Am nächsten Morgen den Ofen auf 250 °C (Heißluft) vorheizen, gleichzeitig auf den Boden eine feuerfeste Form mit Wasser stellen. Inzwischen den Teig mit der Hand durchkneten, bis alle Luft entwichen ist.

■ Brotform einfetten, mit Sesam ausstreuen und den Teig hineinfüllen. Teig gut einsprühen (z. B. mit einer Blumenspritze), mit einem Messer kreuzweise 1–2 cm tiefe Rillen hineinschneiden und den Teig ruhen lassen, bis der Ofen 250 °C erreicht hat.

■ Brot in den Ofen schieben, Temperatur auf 225 °C herunterschalten und das Brot 50 Min. backen. Brot auf ein Kuchengitter stürzen und die Klopfprobe machen (beim Klopfen gegen die Unterseite muss das Brot hohl klingen). Nochmals mit Wasser einsprühen und abkühlen lassen.

Tipp
Statt Dinkel plus Einkorn können Sie auch 660 g Weizen oder 660 g Dinkel nehmen.
Die Brot-Kastenform passt für den Teig, wenn Sie in die leere Form etwa 1600 g Wasser gießen können.
Je nach Fassungsvermögen Ihres Geräts kann natürlich auch die Maschine das Kneten übernehmen.

Das Originalrezept für dieses Brot stammt mindestens aus den 80er-Jahren des letzten Jahrhunderts und findet sich in zahlreichen Foren unter Titeln wie „Einkrümelbrot" usw. Die Menge ist jedoch für einen Haushalt, der nicht auf Brotbacken eingestellt ist, zu groß. Außerdem wird frische Hefe verwendet, das ist wichtig, und je nachdem, wo man wohnt, ist es schwierig, frische Bio-Hefe zu finden. Ich habe das Rezept auf eine 30-cm-Kastenform heruntergerechnet, auch das klappt wunderbar.

Einfachste **Brötchen** der Welt

Für ca. 8–9 Brötchen
350 g Dinkel
100 g Kamut (oder Dinkel)
50 g Hafer bzw. Haferflocken
1 Pck. Trockenhefe (9 g)
2 gestr. TL Vollmeersalz
30 g Apfelessig (etwa 3 EL)
280 g Wasser

■ Getreide in der Thermo-Küchenmaschine fein mahlen **(1 Min./10 Sek.)**; dafür den Mischtopf mit Haushaltsfolie überspannen, damit es nicht zu sehr staubt.

■ 100 g Dinkel in einer luftdichten Dose bis zum nächsten Morgen aufbewahren. Restliche Zutaten zum Mehl in der Maschine geben und gründlich verkneten **(2,5 Min./Knetstufe oder Stufe 2–3)**. Maschine geschlossen bei Raumtemperatur über Nacht stehen lassen.

■ Am nächsten Morgen die restlichen 100 g Dinkel unterkneten **(1–2 Min./Knetstufe oder Stufe 2–3)**. Mit einem nassen Esslöffel passend große Stücke abnehmen. Mit nassen Händen zu Brötchen formen und auf ein mit Dauerbackfolie ausgelegtes Blech setzen.

■ Den Ofen auf 250 °C (Heißluft) vorheizen, die Brötchen können währenddessen noch gehen. Die Brötchen zuerst 10 Min. bei 225 °C, danach noch 15 Min. bei 200 °C backen. Sie sind erst richtig lecker, wenn sie mittelbraun sind. Mit Wasser einsprühen (z. B. mit einer Blumenspritze). Je nach Ofen kann die zweite Backzeit etwas kürzer sein.

Mischnussbrot

50 g Cashewnüsse
50 g Mandeln
50 g Walnusskerne
50 g Paranüsse oder Haselnüsse
60 g Roggen
1/2 TL gem. Koriander
1 TL Paprikapulver, edelsüß
50 g Buchweizen
1/2–1 gestr. TL Salz
70 g Wasser

■ Nüsse in die Thermo-Küchenmaschine geben und mahlen **(10 Sek./Stufe 8)**.

■ Roggen flocken und mit den anderen Zutaten zu den gemahlenen Nüssen geben und kneten lassen **(2 Min./Knetstufe bzw. Stufe 2–3)**.

■ Auf einem Brettchen einen kleinen Laib formen, oben schräg drei- bis viermal einschneiden. In Pergamentpapier (oder Folie) einwickeln und mindestens 1 Std. im Kühlschrank kalt stellen.

■ Wer kein Dörrgerät oder keinen geeigneten Ofen mit niedriger Temperatur hat, kann das Brot auch in Scheiben backen. Wertvoller ist es frisch. (Backen: 30 Min. bei 175 °C, Heißluft). Aber gebacken ist es förmlich unwiderstehlich … sagten meine Gäste.

Tipp
Wer mag, kann das Brot auch in dünne Scheiben schneiden, dann im Dörrgerät trocknen und erhält so eine Art Nussknäcke. Ähnlich wie bei normalem Brot kann man sich auch diese Brote belegen – mit einem knackigen Pesto zum Beispiel.

Rote-Bete-**Knäcke**

75 g Hirse oder Buchweizen
315 g Rote Bete
40 g Rhabarber oder 20 g Zitronenfleisch
140 g Sellerie
1 Apfel (100 g)
2 Knoblauchzehen
50 g Öl
30 g Apfelessig
1 geh. TL Salz
1 TL gem. Koriander
1/2 TL Kreuzkümmel
100 g Dinkelsprossen (von ca. 60 g Dinkel, Keimzeit 36–48 Std.)
75 g goldener Leinsamen
je 2 EL Sonnenblumenkerne, goldener Leinsamen und Mohn zum Bestreuen

■ Hirse (oder Buchweizen) fein mahlen **(30 Sek./Stufe 10)**.

■ Gemüse ggf. waschen und grob vorschneiden, Apfel vierteln. Knoblauchzehen schälen. Zu der Hirse geben und zu einer glatten Paste verarbeiten **(20 Sek./Stufe 4; 10 Sek./Stufe 6; 30 Sek./Stufe 8)**. Zwischendurch anhalten und die Masse von den Rändern nach unten drücken.

■ Mit einem Spatel auf drei Folien auftragen. Mit dem nassen Spatel Stücke vorziehen und jeweils mit Sonnenblumenkernen, Leinsamen und Mohn bestreuen.

■ 12 Std. bei 40 °C trocknen, umdrehen, nochmals 12 Std. trocknen.

Sellerieknäcke leicht scharf

75 g Hirse
20 g Zitronenfleisch
150 g Steckrübe
240 g Sellerie
1/2 gestr. TL gem. Kreuzkümmel
1 Knoblauchzehe (9 g netto)
1 kleiner Apfel (95 g)
70 g Mandel- oder andere Nusspaste
50 g Selleriecreme (siehe S. 34)
40 g frische Petersilie, mit Stängeln
1 TL Salz
6 g Essig-Peperoni (siehe S. 31; wer es schärfer mag, nimmt mehr!)

■ Hirse fein mahlen **(1 Min./Stufe 10)**. Gemüse grob vorschneiden, Apfel vierteln.

■ Alle Zutaten in eine Thermo-Küchenmaschine geben und den Mischtopf mit Haushaltsfolie überspannen, Deckel schließen, und gut mixen **(1 Min./Stufe 4, 1 Min./Stufe 8, 10 Sek./Stufe 10)**.

■ Mit einem Spatel dünn auf Folien (Spezialfolie für Dörrgeräte) auftragen, mit dem nassen Spatel quasi Stücke vorschneiden und 24 Std. bei 40 °C trocknen.

■ Brot umdrehen, nochmals 6 Std. trocknen.

Wahlweise kann man das Knäckebrot im Ofen backen, Temperatur und Zeit richten sich stark nach dem Ofen. Auch muss man darauf achten, dass die Masse sehr, sehr gleichmäßig ausgestrichen ist, weil flache Stücke sonst schon dunkelbraun sind, während andere nicht einmal trocken sind. Dauerbackfolie ist ganz wichtig! Wer weder Hochleistungsmixer noch Thermo-Küchenmaschine hat, bekommt eine etwas gröbere Struktur. Das aber ist kein Nachteil – es ergibt einfach ein anderes Knäckebrot.

Mini-**Hörnchen**

Für 24 Hörnchen
175 g Dinkel
75 g Kamut
1 TL Salz
1 TL gem. Kreuzkümmel
1/2 TL Paprikapulver, edelsüß
25 g Mandelmus oder -paste
120 g „Milch" (siehe S. 38)
21 g frische Hefe (1/2 Würfel)
je 1–2 TL Sesam, weiße Chiasamen;
5–8 Mandeln

■ Getreide mischen und fein mahlen **(1 Min./Stufe 10)**. In eine Schüssel umfüllen. Salz, Gewürze, Mandelpaste und Milch miteinander mixen **(10 Sek./Stufe 4; 10 Sek./Stufe 10)**. Mehl hinzufügen, Hefe darüberbröseln und verkneten **(2 Min./Knetstufe bzw. Stufe 2–3)**.

■ Den Teig auf einer glatten Fläche kurz mit der Hand durchkneten und eine Kugel unter Spannung formen. In eine fest schließende Plastikschüssel geben und gehen lassen, bis der Deckel abspringt (30 Min.). Erneut gut durchkneten. 3 Portionen zu je 135 g (wiegen!) nehmen. Jede Portion zu einer Kugel rollen und nebeneinander in gutem Abstand auf einen Teller setzen, in eine Plastiktüte stecken und 40 Min. gehen lassen.

■ Jede Kugel zu einem Kreis von etwa 25 cm Durchmesser ausrollen. Jeden Kreis viermal wie einen Kuchen durchschneiden, sodass sich 8 Dreiecke ergeben. Einen Kreis mit Sesam, einen mit Chiasamen bestreuen.

■ Jedes Dreieck von der breiten Seite nach innen zu einem Hörnchen rollen. Die Dreiecke des letzten Kreises vor dem Aufrollen mit je einer Mandel belegen. Die Hörnchen in drei Reihen nebeneinander auf ein mit Dauerbackfolie ausgelegtes Backblech legen und 20 Min. gehen lassen.

■ Die Hörnchen gut mit Wasser einsprühen (z. B. mit einer Blumenspritze), das Blech in den kalten Ofen schieben und die Hörnchen 20 Min. bei 175 °C (Heißluft) hellbraun backen. Auf ein Kuchengitter legen und noch heiß mit Wasser besprühen. Auskühlen lassen.

Tipp
Wahlweise kann man die Hörnchen mit der Oberseite in Sesam, Mohn oder Kümmel drücken, statt die Teigkreise vor dem Aufrollen zu bestreuen.

Das Originalrezept dazu erhielt ich von meiner Schwägerin: Aus 1 kg Dinkelmehl, 100 ml Öl, 1/2 Liter Milch, 1 Stück Hefe, 2 EL Salz, 3 EL Butter einen Hefeteig machen, gut gehen lassen, in 10 Stücke teilen, noch einmal gehen lassen, ausrollen und in jeweils 8 Dreiecke schneiden. Hörnchen rollen und mit Eigelb bestreichen, nach Geschmack mit Sesam oder Kümmel bestreuen und im vorgeheizten Ofen (180 °C Heißluft) 15–20 Min. backen. Das sind 80 Hörnchen, die nicht alt werden! Ich hatte das schon ein paarmal mit weißem Mehl gemacht, aber mit Dinkel ist es noch leckerer!

Majoran-Zöpfchen

10 Zöpfchen/
1 Backblech
400 g Weizen
5 g Trockenhefe (etwa 1/2 Päckchen)
310 g Wasser
100 g Roggen
2 TL Salz
1 TL Paprikapulver, edelsüß
1 TL getr. Majoran

■ 250 g Weizen fein mahlen (Mühle oder **1 Min./Stufe 10**), mit der Trockenhefe mischen und mit 250 g Wasser verrühren. Gut abgedeckt 2 Std. gehen lassen.

■ 150 g Weizen mit dem Roggen mischen und mahlen (Mühle oder **1 Min./Stufe 10**), Salz, Paprika und Majoran (zwischen den Händen zerrieben) unter das Getreide rühren.

■ Den Teigansatz und 60 g Wasser zur Mehlmischung geben und gut verkneten **(2,5 Min./Knetstufe oder Stufe 2–3)**. In eine Pengdose geben und 1 Std. gehen lassen.

■ Teig in 10 gleiche Teile teilen (wiegen, bei mir waren es 81–82 g/Teigling). Teiglinge zu Rollen von zwei Handspannen (ca. 40 cm) rollen, und zwar abwechselnd in Intervallen, sie ziehen sich immer wieder etwas zusammen.

■ Drei Stränge nebeneinanderlegen, an einem Ende fest zusammenpressen und dann einen langen Zopf flechten. Mit einem scharfen Messer zweimal quer durchschneiden, ergibt drei kleine Zöpfe.

■ Jeweils die Enden zusammenpressen. Meiner Ansicht nach geht das so schneller, als wenn ich jeden Teigling zu einem Zopf verarbeite. Den letzten Teigling allein in einen Zopf flechten.

■ Nebeneinander auf ein Backblech legen, mit Gärfolie abdecken. Ofen (Heißluft) auf 250 °C vorheizen. Teiglinge einschieben und 20–25 Min. bei 175 °C backen.

Tomaten-Mandel-Baguettes

Für den Vorteig
250 g Weizen
250 g Wasser
1–2 g frische Bio-Hefe

Für den Hauptteig
35 g getr. Tomaten
250 g Weizen
35 g Mandeln
18–19 g frische Bio-Hefe (mit der Hefe vom Vorabend = 1/2 Würfel)
50 g Wasser
1 Teelöffel Salz
2 TL getr. Basilikum

■ 12–14 Std. vor dem Backen (abends) Weizen fein schroten **(40 Sek./Stufe 10)**, mit Wasser und Hefe gut verrühren.

■ Am nächsten Tag Tomaten mit einem Messer in feine Streifen schneiden. Weizen fein mahlen **(1 Min./Stufe 10)**, umfüllen. Mandeln hacken **(5 Sek./Stufe 5)**. Weizen wieder in den Mischtopf geben. Wasser, Salz und Basilikum zum Mehl geben.

■ Den Ansatz vom Vortag in den Mischtopf übertragen, die Hefe darauf zerbröseln und kneten **(2 Min./Knetstufe oder Stufe 2–3)**. Teigschüssel in eine Plastiktüte geben, mit einem Tuch abdecken. 1 Std. gehen lassen.

■ Teig mit der Hand gründlich kneten und in 3 Portionen zu etwa je 290 g teilen (wiegen). Wenn nötig, Streumehl zu Hilfe nehmen. Wenn vorhanden, Baguetteform dünn mit Öl einpinseln und mit Mehl bestreuen, sonst einfach Dauerbackfolie nehmen.

■ Jede Portion in drei Schritten zu einem Baguette in Länge der Form rollen (abwechselnd, damit der Teig entspannen kann). Mit Wasser einsprühen, das Blech in eine große Plastiktüte stecken und nochmals 20 Min. gehen lassen.

■ In dieser Zeit den Ofen 20 Min. auf 190 °C (Heißluft) vorheizen. Auf dem Boden steht eine ofenfeste Form mit Wasser. Baguettes nochmals mit Wasser besprühen, mit einem heißen Messer 3–4 mal schräg einschneiden und in den heißen Ofen schieben.

■ Insgesamt 25 Min. bei 175 °C backen. Ofen ausstellen und die Baguettes 5 Min. nachbacken. (Garprobe machen – beim Klopfen gegen die Unterseite müssen die Baguettes hohl klingen.)

■ Heiß nochmals einsprühen und auf einem Kuchengitter auskühlen lassen.

Tipp
Gut schmecken die Baguettes auch, wenn man noch gehackte Oliven in den Teig einarbeitet.

Kapitel 3
Gekochtes **Gemüse**

Seit ich mich vegetarisch ernähre, habe ich Gemüsesorten kennengelernt, die mir vorher fremd waren. Pastinaken? Petersilienwurzel? Topinambur? Was ist das? Mittlerweile habe ich viele aufregende Geschmacksrichtungen neu hinzugewonnen. Hilfreich ist hierfür eine sogenannte Bio-Gemüsekiste: Sie ist voller Überraschungen und hilft gerade zögerlichen Gemütern, sich einmal an etwas Neues zu wagen.

Gemüse ist eine Köstlichkeit – egal ob kalt oder warm. Das ganze Jahr hindurch werden wir mit vielen Sorten verwöhnt. Wer sich stärker an der Natur orientieren möchte, kauft nach Saison und Region, wobei Letzteres ein bisschen dehnbar ist: Für mich sind Aprikosen im Sommer durchaus regionales Obst, auch wenn sie aus Spanien kommen, denn in Deutschland wachsen praktisch keine. Andererseits sehe ich nicht ein, dass ich ein heimisches Gemüse wie Spargel unbedingt zu Zeiten kaufen soll, in denen es bei uns nicht wächst.

natürlich
einfach
frisch

Blumenkohlcremesuppe

Für 1 Portion (etwa 2 Teller)
200 g Blumenkohlröschen
8 g Ingwerscheiben, ungeschält
420 g Wasser
1 EL Zitronensaft
10 g Cashewnussmus (siehe S. 22)
20 g gekochte rote Linsen
1–1,5 TL Gemüsesalz (siehe S. 29)
1 gestr. TL Curry
30 g rote Paprika
1 EL geh. Petersilie

■ Blumenkohl in Röschen teilen. Mit Ingwer und Wasser garen **(16 Min./100 °C/Stufe 1)**.

■ Zitronensaft, Nussmus, Linsen, Salz und Curry hinzugeben und mixen **(20 Sek./Stufe 10)**.

■ Einmal aufkochen **(100 °C/Stufe 1)**; abschalten, wenn es „blubbert". Suppe in den Teller füllen und mit fein geschnittener Paprika und Petersilie bestreuen.

Tipp
Wer Suppen gerne sehr sämig und dicklich isst, nimmt nur die Hälfte des Wassers, so wie das für das Foto gemacht wurde.

Tomaten**cremesuppe**

Für 2–3 Portionen (etwa 6 Teller)
1 (rote) Zwiebel (120 g brutto)
2 Knoblauchzehen
500 g Tomaten
40 g rote Paprika (netto)
2 TL Paprikapulver, edelsüß
2 TL Salz
1,5 EL Zitronensaft
2 TL Agavendicksaft (20 g) (oder Honig)
2 EL Haferflocken, vorzugsweise frisch geflockt
500 g Wasser
20 g Cashewnussmus (siehe S. 22)

■ Zwiebel und Knoblauch abziehen und raffeln **(10 Sek./Stufe 4; 2 Sek./Stufe 6)**.

■ Tomaten vierteln, mit Paprika, Paprikapulver, Salz, Zitronensaft, Süßungsmittel, Haferflocken und Wasser in die Thermo-Küchenmaschine geben.

■ Zerkleinern **(2 Sek./Stufe 4)** und garen **(15 Min./100 °C/Stufe 2)**; sobald es kräftig kocht, auf 90 °C herunterstellen.

■ Cashewnussmus hinzugeben und pürieren **(10 Sek./Stufe 9)**.

Man kann die Suppe natürlich auch im Topf kochen und anschließend in einem Mixer oder mit einem Pürierstab pürieren. Hier tritt aber die Stärke der Thermo-Küchenmaschinen besonders gut hervor: schneiden, kochen und pürieren – alles in einem Topf.

Spätsommersuppe

Für 2 Portionen
1 Tomate (130 g)
1 Stück Aubergine (65 g)
125 g Muskatkürbis (netto)
1 Zwiebel (40 g netto)
1 Knoblauchzehe (10 g netto)
1 Lorbeerblatt
1 TL Salz
450 g Wasser
2 EL Zitronensaft
1 TL Salz

■ Tomate, Aubergine und ungeschälten Kürbis würfeln. Zwiebel und Knoblauch abziehen und in Scheiben schneiden. Gemüse in den Garkorb füllen.

■ Lorbeerblatt, Salz und Wasser in den Mischtopf geben, Korb einhängen und Gemüse dünsten **(20 Min./100 °C/Stufe 1)**.

■ Gemüse auf zwei ausreichend große Teller o. Ä. verteilen, Brühe darübergießen.

Tipp
Das Rezept ergibt etwas mehr als zwei Suppenteller und reicht mit Brot als leichte Hauptmahlzeit. Die Suppe schmeckt bei warmem oder heißem Wetter auch kühl aus dem Kühlschrank.

Die Spätsommersuppe lässt sich in anderen Jahreszeiten jeweils mit Gemüse der Saison herstellen, dabei sollte das Gemüsegesamtgewicht bei etwa 350–400 g liegen.

Überraschungssuppe

95 g Rosenkohl (netto)
110 g Süßkartoffel
380 g Wasser
1 gestr. TL Salz
100 g gekochte rote Linsen
10 g Cashewnüsse
2–3 EL Granatapfelkerne (optional)
1 EL Linsensprossen (Keimzeit 48 Std.)

■ Äußere Blätter und Schadstellen vom Rosenkohl entfernen, halbieren.

■ Süßkartoffel vorschneiden. Mit dem Wasser in die Thermo-Küchenmaschine geben und garen **(16 Min./100 °C/Stufe 2)**.

■ Salz, Linsen und Nüsse hinzufügen und pürieren **(20 Sek./Stufe 8)**. Auf dem Teller mit Granatapfel und Sprossen garnieren.

Tipp
Etwas geriebene Möhre oder feine Paprikastreifen geben einen genauso schönen Farbtupfer wie die Granatapfelkerne. Die Suppe ist relativ dickflüssig. Wer sie dünner möchte, gibt zum Schluss Wasser in nicht zu großen Schritten zu und kocht noch einmal auf.

Wurzel**cremesuppe**

Für 2 Portionen
55 g Möhre
65 g Pastinake
110 g Steckrübe
1 große Knoblauchzehe (7 g netto)
420 g Wasser
10 g Cashewnussmus (siehe S. 22)
15 g Zitronenfleisch
1–1 1/2 TL Salz
1 Msp. Chilipulver (nach Geschmack auch mehr)
2 Msp. gem. Muskat
25 g Kaki
1 TL Kokosraspel

■ Gemüse grob vorschneiden. Mit der abgezogenen Knoblauchzehe und Wasser in die Thermo-Küchenmaschine geben und raffeln **(2 Sek./Stufe 7)**.

■ Die Suppe garen **(16 Min./100 °C/Stufe 1)**.

■ Nussmus und Zitronenfleisch auf einem kleinen Teller abwiegen, Salz und Gewürze hinzufügen und von dem Teller durch die Deckelöffnung in den Mischtopf schieben.

■ Zu einer glatten, sämigen Suppe pürieren **(30 Sek./Stufe 7–10; jeweils einige Sek.)**. Einen Teller mit Suppe füllen und mit feinen Kakistreifen und einigen Kokosraspeln dekorieren.

Kräuterseitlinge
mit Rosinenreis

Für den Reis
1200 g Wasser
1 Prise Salz
105 g Vollkorn-Naturreis
20 g grüne Rosinen

Für die Kräuterseitlinge
5 g Kokosöl
30 g Wasser
1 Zwiebel, geschält (55 g netto)
1 Knoblauchzehe, geschält (5 g)
195 g Kräuterseitlinge
1/2 Kaki (90 g)

■ Wasser und Salz in den Mischtopf geben, Reis und Rosinen in den Garkorb. Garkorb einhängen und Reis garen **(45 Min./100 °C oder 120 °C/Stufe 1)**.

■ Kokosöl und Wasser in eine Keramik-Pfanne (20 cm) geben. Zwiebel würfeln, Knoblauch in feine und Pilze in 2–3 mm dicke Scheiben schneiden, in die Pfanne geben. Kaki würfeln und oben auf die Pilze legen. Deckel auflegen, auf höchster Einstellung zum Kochen bringen, bis Dampf unter dem Deckel austritt. Auf kleinste Einstellung drehen und 15 Minuten dünsten, ohne den Deckel abzuheben.

■ Die Zutaten für die Soße in einem kleinen Mixer mixen, unter das Gemüse rühren und aufkochen. Den Mixbecher mit 20 g Wasser nachspülen. Wasser ebenfalls zum Gemüse geben, verrühren und aufkochen. Mit etwas frischer Kaki dekorieren.

Für die Soße
50 g gekochte helle Hülsenfrüchte, z.B. Kichererbsen oder rote Linsen
1 gestr. TL Salz
1 Prise Pfeffer
1 Prise Zimt
5 g Zitronenfleisch
55 g Wasser
10–15 g Selleriecreme (siehe S. 34, ist optional)

Auberginen-Bananen-Gemüse mit Spiralnudeln

40 g Wasser
275 g Auberginen, gewürfelt (netto)
1 Banane (120 g netto)
20 g Zitronenfleisch
1 gestr. TL Salz
1 Stück Essig-Peperoni (ca. 5 g) (siehe S. 31)
15 g Cashewnussmus (siehe S. 22)

■ 40 g Wasser in eine Pfanne (20 cm) geben. Aubergine würfeln, Banane schälen und in Scheiben schneiden. In die Pfanne geben. Deckel auflegen, auf höchster Einstellung zum Kochen bringen, bis Dampf unter dem Deckel austritt.

■ Auf kleinste Einstellung drehen und 13 Minuten dünsten, ohne den Deckel abzuheben. Die restlichen Zutaten in einem kleinen Mixer mischen, unter das Gemüse rühren und aufkochen.

■ Für die Nudeln 750 g Wasser in den Mischtopf der Thermo-Küchenmaschine gießen, Salz hinzufügen, die Nudeln in den Garkorb füllen und den Korb einhängen, kochen **(15 Min./100–120 °C/Stufe 1)**.

Für die Nudeln
750 g Wasser
1/2 TL Salz
100 g Spiral-Vollkornnudeln

Fenchel**gemüse mit Nudeln**

1 TL Kreuzkümmel
1 TL Senfkörner
1 TL weißer Mohn
1 TL Knoblauch-Ingwer-Paste (siehe S. 35)
10 g Kokosöl
10 g Kokosraspel
100 g + 40 g Wasser
200 g Fenchel
1 Stück Essig-Peperoni (ca. 5 g) (s. Seite 31)
1 TL Salz
1 TL Cashewnussmus (siehe S. 22)

■ Gewürze, Paste, Öl, Koskosraspel und 100 g Wasser in einem kleinen Mixer gut verquirlen. In eine kleine Pfanne (20 cm) geben. Mixbehälter mit 40 g Wasser „nachspülen", dieses Wasser ebenfalls unterrühren.

■ Fenchel klein schneiden, hinzugeben und Deckel auflegen Zum Kochen bringen, dann auf kleiner Einstellung köcheln. Peperoni in Streifen schneiden und kurz miterhitzen. Ist die Soße zu dick, noch etwas Wasser unterrühren, ist sie zu dünn, mit Nussmus dicken. Mit Salz abschmecken.

■ Für die Nudeln mindestens 500 g Wasser und 1/2 TL Salz in den Mischtopf gießen, die Nudeln in den Garkorb füllen und den Korb einhängen, kochen **(20 Min./100–120 °C/Stufe 1)**.

125 g Vollkornmehl-Bandnudeln
500 g Wasser

Tipp
In diesem Rezept werden die Gewürze nicht angebraten, sondern als Paste vermischt und mitgekocht. Das ist magenfreundlicher als das Anbraten der Gewürze in Öl.

Mit der Thermo-Küchenmaschine werden Nudeln wunderbar bissfest, ohne innen noch hart zu sein. Das war für mich eine echte Entdeckung! Prima ist auch, dass sie sich so warm halten lassen, ohne matschig zu werden. Der aufsteigende Dampf hält die Nudeln noch mindestens 10 Minuten warm.

Pilzreis**pfanne**

Für 2 Portionen
160 g Vollkorn-Jasminreis
Wasser für den Mischtopf (ca. 1 Liter)
50 g Wasser
1 TL Curry
1 Knoblauchzehe (10 g netto)
400 g weiße Champignons
20 g grüne Rosinen
1 TL Salz
1,5 EL Zitronensaft

■ Wasser in den Mischtopf geben, Reis in den Garkorb füllen. Korb einhängen und Reis garen **(45 Min./100–120 °C/Stufe 1)**.

■ 50 g Wasser und Curry in einer Pfanne (24 cm) verrühren. Knoblauchzehe abziehen und in dünne Scheiben schneiden. Große Pilze halbieren oder vierteln.

■ Beides mit den Rosinen ebenfalls in die Pfanne geben. Deckel auflegen, auf höchster Einstellung zum Kochen bringen. Sobald Dampf unter dem Deckel austritt, auf kleinste Einstellung drehen und 13 Min. dünsten, ohne den Deckel abzuheben.

■ Salz, gegarten Reis und Zitronensaft unterrühren und erhitzen, bis überschüssiges Wasser aufgesogen bzw. verdampft ist.

Quinoa mit Wirsing und Hokkaido-Kürbis

Für 2 Portionen
200 g Wirsing
250 g Hokkaidokürbis (netto)
80 g Quinoa
80 g Hirse
320 g + 50 g Wasser
10 g frische Petersilie
1 TL Salz
1 Prise Pfeffer
20 g Zitronenfleisch
1 kleine Knoblauchzehe

■ Wirsing waschen, abtropfen lassen und die Blätter quer teilen. Die Teile mit den Strunkstücken raffeln **(5 Sek./Stufe 5)**, die oberen Teile mit dem Messer in Streifen schneiden. In den Garkorb füllen. Wasser bis zur Hälfte in den Mischtopf geben.

■ Garkorb einsetzen. Hokkaido entkernen und in 1 cm dicke Ecken teilen. Auf den oberen Einsatz des Dampfaufsatzes legen. Dampfaufsatz auf das Gerät setzen und garen **(25 Min./100–120 °C/Stufe 2)**.

■ Quinoa, Hirse und 320 g Wasser in einem kleinen Topf aufkochen, auf kleiner Einstellung 10 Min. kochen und stehen lassen, bis das Gemüse fertig ist. Petersilie, Salz, Pfeffer, Zitronenfleisch, abgezogene Knoblauchzehe und 50 g Wasser in einem kleinen Mixer zerkleinern.

■ Gemüse, Quinoa-Hirse-Mischung und die Soße in eine 28-cm-Pfanne geben. Auf mittlerer Einstellung erhitzen, dabei ggf. Kochwasser aus der Thermo-Küchenmaschine hinzugeben.

Tipp
Gut schmecken auch 1–2 EL grüne Rosinen in dem Essen und ein paar geröstete Mandeln als Dekoration.

Quinoa mit Butternuss und Zwiebelsoße

825 g Wasser
gestr. TL Salz
00 g Quinoa
210 g Butter-
nusskürbis, ohne
Kerne gewogen

Für die Soße
55 g Wasser
2 rote Zwiebeln
(135 g netto)
1 große Knob-
lauchzehe (9 g
netto)
1 Tomate (95 g)
1 gestr. TL Salz
1/2 gestr. TL
gem. Kurkuma
1 TL Paprika-
pulver, edelsüß
1 EL Sonnenblu-
menöl

■ Wasser und Salz in den Mischtopf geben. Quinoa vorsichtig in den Garkorb gießen. Die Körner sind so klein, dass sie durchrutschen, wenn man zu heftig einfüllt.

■ Kürbis in Streifen schneiden, in den Dampfaufsatz geben und diesen aufsetzen, garen **(20 Min./100–120 °C/Stufe 1)**. Quinoa und Kürbis sind dann sehr weich. Während der Garzeit die Soße herstellen.

■ Für die Soße das Wasser in eine kleine Keramik-Pfanne (20 cm) geben. Zwiebel und Knoblauch abziehen, klein schneiden. Tomate würfeln. Gemüse in die Pfanne geben. Deckel auflegen, auf höchster Einstellung zum Kochen bringen, bis Dampf unter dem Deckel austritt. Auf kleinste Einstellung drehen und 14 Minuten dünsten, ohne den Deckel abzuheben. Salz, Gewürze und Öl verrühren, zu dem Gemüse geben und erhitzen.

■ Dampfaufsatz herunterheben, Garkorb aus dem Mischtopf nehmen. Wasser im Mischtopf durch ein feines Sieb gießen, nochmals mit Wasser ausspülen, auch durch das Sieb gießen. So lässt sich noch Quinoa „retten"!

■ Quinoa in die Mitte eines flachen Tellers setzen, Kürbisstücke um die Quinoa legen. Soße in die Mitte gießen.

Ein Gericht, das sich natürlich auch ohne Thermo-Küchenmaschine zubereiten lässt – aber nicht so einfach. Die reine Arbeitszeit ist sehr kurz, während alles garte, hatte ich noch 8 Minuten insgesamt frei, um die Küche aufzuräumen und den Tisch zu decken. Das bei einer Zubereitungszeit von insgesamt 30 Minuten – da kommt kaum noch eine Fertigmahlzeit mit :-).

Rosenkohlpüree mit **Süßkartoffelpommes**

200 g Süßkartoffeln
225 g Rosenkohl (netto)
125 g Wasser
1 Prise Salz
15 g Cashewnüsse oder Cashewnussmus (siehe S. 22)
1/2 TL Salz
55 g gekochte rote Linsen
50 g Wasser
1/2 TL Basilikum, getrocknet und gerebelt oder frisch

■ Süßkartoffeln in 1 cm dicke Scheiben, die Scheiben in Streifen schneiden. Auf ein Backblech legen (PerfectClean oder mit Dauerbackfolie/Backpapier) und in den kalten Backofen (Heißluft) schieben. Temperatur auf 225 °C stellen und 20 Minuten backen. Je nach Art der Süßkartoffel kann es sein, dass die Stücke noch bissfester sind, als man mag, das muss man ausprobieren.

■ Die äußeren Blätter vom Rosenkohl entfernen, die Röschen vierteln. Mit 175 g Wasser und 1 Prise Salz garen, z.B. in der Thermo-Küchenmaschine **(19 Min./100 °C/Stufe 1)**.

■ Cashewnüsse, 1/2 TL Salz, Linsen und 50 g Wasser hinzufügen, aufkochen **(1,5 Min./Stufe 1)**. Pürieren **(20 Sek./Stufe 5; 5 Sek./Stufe 6)**.

■ Zusammen mit den Süßkartoffelpommes servieren, mit Basilikum bestreuen. Die Süßkartoffeln harmonieren gut mit dem etwas herben Rosenkohlpüree.

Grünkohl Potpourri

90 g Langkorn-Naturreis
100 g Grünkohl (netto, vorgeschnitten gekauft)
25 g getr. Aprikose (2 Stück)
40 g Wasser
200 g gekochte Kichererbsen
20 g Kokosraspel
1 TL Sonnenblumenöl
1 gestr. TL Salz
1 Msp. gem. schw. Pfeffer
1 Msp. Korianderpulver
1 Prise Cayennepfeffer
3 TL Zitronensaft

■ Mischtopf zu zwei Dritteln mit Wasser füllen. Reis in den Garkorb einwiegen und Korb in den Topf einhängen. Deckel auflegen, Dampfaufsatz auf den Deckel setzen. Grünkohl mit der Schere noch etwas kleiner schneiden und in den Dampfaufsatz geben. Deckel auflegen und garen **(40 Min./100–120 °C/Stufe 2)**.

■ Aprikosen in Streifen schneiden, mit Wasser übergießen. Kichererbsen hinzufügen. Kokosraspel in einer kleinen Keramik-Pfanne rösten. Kichererbsen mit Aprikosen und Einweichflüssigkeit im heißen Öl unter Rühren anbraten, bis die Flüssigkeit aufgesogen ist. Das dauert etwa 3 Minuten.

■ Würzen, 5 EL Kochflüssigkeit aus dem Mischtopf hinzufügen und 2–3 Minuten kochen. Reis, Grünkohl und Zitronensaft in die Pfanne geben, gut verrühren und erhitzen.

■ Auf zwei Teller verteilen und mit Kokosraspeln bestreuen.

Rösti-Scheiben
mit Kürbis und Lauchpesto

Für 2 Portionen

Für das Lauchpesto
100 g Lauch (grün und weiß)
1 Knoblauchzehe
75 g gekochte Kichererbsen
10 g Mandeln
10 g Cashewnussmus (siehe S. 22)
25 g Kochwasser
1 gute Prise Salz
1 Prise gem. schw. Pfeffer

Für den Sellerie
2 Scheiben Sellerie, jeweils ca. 75–80 g

Für die Kartoffelrösti
250 g Kartoffeln
30 g gekochte rote Linsen
20 g Kichererbsenmehl (oder anderes Mehl)
1 Prise Salz
1/2 TL Paprikapulver, edelsüß
5 Tropfen Sonnenblumenöl

■ Lauch waschen, in Stücke schneiden und im Garkorb angaren **(9 Min./100 °C/Stufe 2)**, dabei Wasser bis zur ersten Markierung einfüllen.

■ Abkühlen lassen und mit einem saugfähigen Papiertuch trocken tupfen. Kichererbsen mit Mandeln und Cashewnussmus in einem Zerkleinerer mit Pulsen zerkleinern, Lauch, abgezogene und klein geschnittene Knoblauchzehe, Kochwasser, Salz und Pfeffer hinzufügen. Zu einer groben Creme mixen.

■ Schadstellen der Selleriescheiben abschneiden und im Garkorb gar dämpfen **(15 Min./100 °C/Stufe 2)**, dafür Wasser bis zur ersten Markierung auffüllen.

■ Für die Rösti die Kartoffeln raffeln **(30 Sek./Stufe 4; 2 Sek./Stufe 5)**. Linsen mit einer Gabel zerdrücken, danach mit Mehl, Salz und Paprika zu den Kartoffeln geben und die Masse verkneten **(20 Sek./Stufe 1)**.

■ Eine Pfanne (24 cm) mit dem Öl bestreichen und erhitzen. 4 Plätzchen aus der Kartoffelmasse formen und in die heiße Pfanne geben, etwas flach drücken. Sobald sie sich leicht von der Stelle schieben lassen, umdrehen. Ab und an wiederholen und auf mittelhoher Einstellung 10 Minuten braten.

■ Dünne Kürbisspalten entkernen und in Stücke schneiden. 2 EL Wasser auf großer Hitze in einer Pfanne zum Kochen bringen, Kürbis hinzufügen. 10 Minuten garen, dabei esslöffelweise Wasser hinzufügen, sobald es verkocht ist.

■ Zutaten für die Creme zum Überbacken in einem kleinen Mixer zu einem glatten Püree verarbeiten.

■ Je zwei Röstischeiben in eine ofenfeste Form legen, mit den längs halbierten Selleriescheiben belegen und das Pesto dick daraufstreichen. Die Kürbisspalten auf das Pesto legen und die Käsecreme darauf verteilen. Ofen (Heißluft) auf 180 °C vorheizen und 20 Min. überbacken.

Sautierte Kürbisspalten
200 g Hokkaido-Kürbis (netto)
Wasser nach Bedarf
1 Prise Salz
1 Prise gem. schw. Pfeffer

Creme zum Überbacken
100 g gekochte Kichererbsen
10 g Cashewnussmus (siehe S. 22)
10 g Sonnenblumenöl
1 Prise Salz
1 Prise Schabzigerklee
15 g Wasser

Austernpilze in scharfer Cremesoße mit Nudeln

65 g Wasser
1 Zwiebel (65 g netto)
1 Knoblauchzehe (10 g netto)
190 g Austernpilze
100 g Süßkartoffeln
85 g Spiral-Vollkornnudeln
65 g gekochte Kichererbsen
1 gestr. TL Salz
1 Stück Essig-Peperoni (siehe S. 31)
1/4 TL gem. Kreuzkümmel
2 TL Essig von den Peperoni auf S. 31
40 g Wasser
1/2 TL Agavendicksaft (oder flüssiger Honig)
20 g Walnüsse

■ Wasser in eine Keramik-Pfanne (24 cm) gießen. Zwiebel und Knoblauch abziehen, klein schneiden und in die Pfanne geben.

■ Austernpilze auseinanderzupfen und in Stücke schneiden, Süßkartoffel in ca. 8 x 8 mm dicke Würfel schneiden. Gemüse zur Zwiebel geben.

■ Deckel auflegen, auf höchster Einstellung zum Kochen bringen, bis Dampf unter dem Deckel austritt. Auf kleinste Einstellung drehen und 15 Minuten dünsten, ohne den Deckel abzuheben.

■ Mischtopf der Thermo-Küchenmaschine zur Hälfte mit Wasser füllen, Nudeln in den Garkorb geben und den Korb einhängen. Garen **(15–20 Min./100–120 °C/Stufe 1)** und auf einen Teller geben.

■ Kichererbsen, Gewürze, Wasser und Agavendicksaft (oder Honig) mit einem kleinen Mixer zu einer sämigen Soße schlagen. Unter das Gemüse rühren und aufkochen.

■ Die Soße auf die Nudeln geben, Walnüsse hacken und darüberstreuen.

Austernpilze habe ich erst nach meiner Ernährungsumstellung kennengelernt. Sie lassen sich wie andere Pilze verarbeiten und sind auch roh genießbar.

Dämpfgemüse
mit Orangendip

Für 2 Portionen

Für das Gemüse
500 g Wasser
290 g Kartoffeln
130 g Spargel (netto)
135 g Möhren
135 g Kürbis (z.B. Muskatkürbis)
etwas Salz

Für den Dip
1 Orange (155 g netto)
100 g Maismayonnaise (siehe S. 42)
35 g Nusssahne (siehe S. 40)
1/2 gestr. TL Salz
1/2 gestr. TL Paprikapulver, edelsüß
1 Prise gem. schw. Pfeffer

■ Wasser in den Mischtopf der Thermo-Küchenmaschine geben. Kartoffeln waschen und in handliche Stücke schneiden, nicht schälen, und in den Garkorb schichten.

■ Den Korb in die Maschine einhängen. Deckel schließen und Dampfaufsatz aufsetzen.

■ Spargel schälen und quer halbieren, sodass die Stücke kürzer sind, und in den unteren Teil des Dampfaufsatzes legen. Möhren längs vierteln, den Kürbis in Scheiben schneiden und beides auf die flache Schale legen. Auf das Gerät setzen, Deckel auflegen und garen **(25 Min./100–120 °C/Stufe 1)**. Das Gemüse ist dann zart-weich.

■ In der Zwischenzeit den Dip zubereiten: Orange schälen, in Stücke teilen. Zusammen mit den anderen Zutaten gut mixen.

■ Gemüse vorsichtig nebeneinander auf zwei Teller legen, mit etwas Salz bestreuen und den Dip in zwei Schüsselchen dazu servieren.

Für die Zubereitung des Dips lohnt sich bei dieser recht kleinen Menge der Einsatz einer größeren Maschine nicht. Wer aber mehr als 2 Portionen zubereitet, kann das schnell auch in der Thermo-Küchenmaschine erledigen **(10 Sek./Stufe 6)**.

Champignonpfanne mit Kokosbrot

Für das Brot (reichliche Portion)
80 g Dinkel
2 EL Kokosraspel (15 g)
40 g Wasser
1 gestr. TL Salz
1 TL Erdnussöl

■ Dinkel und Kokosraspel in der Thermo-Küchenmaschine fein mahlen **(1 Min./Stufe 10)**, mit den anderen Teigzutaten verkneten **(1,5 Min./Knetstufe bzw. Stufe 3)**. Krümel mit der Hand zu einem glatten Teig kneten. In Haushaltsfolie 15–20 Min. ruhen lassen.

■ Teig in vier Teile teilen, als Fladen ausrollen, Durchmesser ca. 13–14 cm. Eine Keramik-Pfanne (20 cm) erhitzen, Fladen hineingeben. Hitze etwas herunterstellen. Rand des Fladens mit Öl bestreichen, drehen. Auch auf der anderen Seite den Rand mit Öl bestreichen. Mehrmals umdrehen, bis der Fladen auf beiden Seiten Blasen und dunkle Stellen zeigt.

■ Wasser und Öl in eine Pfanne geben. Pilze vierteln, Kohl in Streifen und Tomate in Scheiben schneiden, in die Pfanne geben. Deckel auflegen, auf höchster Einstellung zum Kochen bringen. Sobald Dampf unter dem Deckel entweicht, auf kleinster Einstellung 15 Min. dünsten. Essig, Salz und Cashewnussmus unterrühren.

Für die Gemüsepfanne
2 EL Wasser
10 g Kokosöl
110 g Champignons
60 g Grünkohl, gewaschen
1 Tomate (75 g)
1 EL Essig von den Peperoni auf S. 31
1 gestr. TL Gemüsesalz (siehe S. 29)
1 TL Cashewnussmus (siehe S. 22)

Ofenkartoffeln mit Pastinaken-Butternuss-Püree

Für 2 Portionen

Für die Ofenkartoffeln
350 g Kartoffeln
ggf. etwas Salz

Für das Gemüse
175 g Wasser
1 Prise Salz
150 g Pastinaken (netto)
190 g Butternuss-Kürbis (oder Hokkaido) (netto)

■ Kartoffeln unter fließendem Wasser abbürsten und in ca. 1 cm dicke Scheiben schneiden. Nebeneinander auf ein Backblech (PerfectClean oder mit Dauerbackfolie/Backpapier ausgelegt) legen. In den kalten Ofen schieben und 25 Min. bei 225 °C (Heißluft) backen.

■ Wasser und Salz in den Mischtopf geben. Gemüse grob vorschneiden, zum Wasser hinzufügen und garen **(17 Min./100 °C/ Stufe 1)**.

■ Die restlichen Zutaten, bis auf die Kräuter, hinzufügen und pürieren **(20 Sek./Stufe 4; 10 Sek./Stufe 5)**.

■ Ofenkartoffeln auf zwei Teller verteilen, Püree danebensetzen und mit zerriebenen (trockenen) oder gehackten (frischen) Kräutern bestreuen.

50 g gekochte rote Linsen
10 g Apfelessig
1 gestr. TL Salz
1/2 TL Paprikapulver, edelsüß
1 Msp. gem. Kurkuma
15 g Mandelpaste
1/2 TL Kräuter der Provence oder 1–2 EL frische Kräuter

Süßkartoffeln in Erdnusssoße

80 g Wasser
150 g Kartoffeln
130 g Sellerie (netto)
165 g Süßkartoffeln (netto)

Für die Soße
30 g Erdnussmus (aus 400 g gerösteten Erdnüssen, Herstellung siehe Rezept)
10 g Essig von den Peperoni auf S. 31
5 g Essig-Peperoni (siehe S. 31)
10 g Agavendicksaft (oder Honig)
1 TL Paprikapulver, edelsüß
1 gestr. TL Salz
35 g gekochte rote Linsen
100 g Wasser

■ 400 g geröstete Erdnüsse zu Mus verarbeiten. Dafür in die Thermo-Küchenmaschine füllen und mischen **(1 Min./Stufe 3; 2 Min./Stufe 4; 4 Min./Stufe 5; 1 Min./Stufe 6)**. Die letzte Stufe kann man verlängern, wenn das Mus noch dünner werden soll.

■ Wasser in eine Keramik-Pfanne (24 cm) gießen. Kartoffeln unter fließendem Wasser abbürsten, Schadstellen entfernen und in Streifen schneiden.

■ Von Sellerie und Süßkartoffeln Schadstellen bzw. Wurzelwerk entfernen und klein schneiden. Gemüse ebenfalls in die Pfanne füllen.

■ Deckel auflegen, auf höchster Einstellung zum Kochen bringen, bis Dampf unter dem Deckel austritt. Auf kleinste Einstellung drehen und 15 Minuten dünsten, ohne den Deckel abzuheben.

■ Die Soßenzutaten in der Thermo-Küchenmaschine mixen **(40 Sek./Stufe 10)**. Unter das Gemüse rühren und einmal aufkochen.

Tipp
Wer eine saté-artige Soße möchte, nimmt weniger Wasser und mixt mit einem kleinen Mixer.

Süßkartoffel**gulasch**

80 g Wasser
145 g Zwiebeln, gewürfelt (netto)
10 g Knoblauch, in Scheiben (netto)
200 g Süßkartoffeln, ungeschält und in Würfeln
200 g Tomaten, stückig, aus der Dose (inklusive Saft)
1 EL Haselnusslikör oder Rum
1 TL Salz
1/2 TL gem. Kümmel
1 TL Paprikapulver, edelsüß
10 g Ahornsirup (oder Honig)
1 kleine Prise Chilipulver

■ Wasser, Zwiebeln und Knoblauch in eine Pfanne (24 cm) geben. Deckel auflegen, auf höchster Einstellung zum Kochen bringen, bis Dampf unter dem Deckel austritt. Auf mittlere Einstellung drehen und 10 Minuten köcheln, ohne den Deckel abzuheben.

■ Die restlichen Zutaten zu den Zwiebeln geben. Deckel auflegen, auf höchster Einstellung zum Kochen bringen, bis Dampf unter dem Deckel austritt. Auf kleinste Einstellung drehen und 23 Minuten dünsten, ohne den Deckel abzuheben.

■ Abschmecken mit Salz und Chili. Bei mir gab es dazu Reis (85 g Rohware) aus der Thermo-Küchenmaschine **(Garkorb: 45 Min./100–120 °C/Stufe 1)**.

natürlich
einfach
frisch

Special:
Hülsenfrüchte

Für das Kochen von Hülsenfrüchten ist und bleibt für mich der Schnellkochtopf erste Wahl. Eine Thermo-Küchenmaschine hat jedoch den Vorteil, dass sich ohne Aufsicht kochen lässt, hat man einmal die Zeit heraus. Bei Hülsenfrüchten sind die Garzeitangaben auf den Packungen häufig abenteuerlich kurz. Da hilft nur Ausprobieren. Außer Linsen sollten alle Hülsenfrüchte vor dem Kochen 8–12 Std. in reichlich Wasser eingeweicht werden. Mungbohnen kann man auch direkt kochen [ca. 40 Min.]. Weicht man sie vorher ein, verkürzt sich die Kochzeit um die Hälfte.

Grundrezepte für die Thermo-Küchenmaschine

Kichererbsen
Den Topf der Thermo-Küchenmaschine bis zur Hälfte mit Wasser füllen. 150 g Kichererbsen in den Garkorb geben, diesen in den Topf hängen. Gerät schließen und garen **[45–60 Min./100 °C/Stufe 2]**.

Linsenpüree
100 g rote Linsen und 250 g Wasser in die Thermo-Küchenmaschine geben und garen **[20 Min/100 °C/Stufe 2]**. Es ergibt sich eine breiartige Masse, die sich hervorragend als Grundlage für Aufstriche, Soßen usw. eignet. Wer die Linsen als Gemüsebeilage wünscht, verfährt wie bei den Kichererbsen.

Hülsenfrüchte bitte erst nach dem Kochen salzen, sie bleiben sonst hart. Wer Hülsenfrüchte wie z.B. Kichererbsen und weiße Bohnen butterweich möchte, kommt um einen Schnellkochtopf nicht wirklich herum, das sei auch ehrlich gesagt.

Last but not least sei erwähnt, dass Hülsenfrüchte ein ganz wichtiger Baustein der ausgewogenen vegetarischen und veganen Ernährung sind.

Kichererbsen-Gnocchi mit Kürbis in Rote-Bete-Soße

Für 2 Portionen

Für die Gnocchi
150 g Kichererbsen
1 Prise Salz
1/2 TL gem. Kreuzkümmel
75 g Wasser

Für das Gemüse
55 g Wasser
1/2 geschälte Zwiebel, gewürfelt (20 g)
1 Knoblauchzehe, abgezogen und in Scheiben geschnitten
280 g Muskatkürbis

■ Kichererbsen in den Mischtopf der Thermo-Küchenmaschine geben. Ein passendes Stück Haushaltsfolie über den Mischtopf legen. Deckel festmachen und fein mahlen **(1 Min./Stufe 10)**.

■ Salz, Kreuzkümmel und Wasser hinzugeben und mischen **(30 Sek./Stufe 2)**, anschließend kneten **(1,5 Min./Knetstufe oder Stufe 3)**. Aus dem Mischtopf kratzen, zu einer Kugel formen und in einer fest verschließbaren Plastikdose 30–60 Min. ruhen lassen.

■ Aus dem Teig drei Rollen von etwa 2,5 cm Durchmesser formen, 8–9 mm dicke Scheiben mit einem scharfen Messer abschneiden, das immer wieder in Wasser getaucht wird.

■ Die Scheiben mit einer ebenfalls benetzten Gabel flach drücken, nebeneinander auf den Dampfaufsatz legen und garen **(20 Min./100–120 °C/Stufe 1)**.

■ Die Zutaten für das Gemüse in der angegebenen Reihenfolge in eine Keramik-Pfanne (20 cm) geben. Deckel auflegen, auf höchster Einstellung zum Kochen bringen, bis Dampf unter dem Deckel austritt. Auf kleinste Einstellung drehen und 14 Minuten dünsten, ohne den Deckel abzuheben.

■ Die Zutaten für die Soße in einem kleinen Mixer mischen, unter das Gemüse rühren und aufkochen. Den Mixbecher mit ca. 20 g Wasser nachspülen. Dieses Wasser ebenfalls zum Gemüse geben, verrühren und aufkochen.

Für die Soße
100 g Linsenaufstrich Rote Bete (siehe S. 26)
5 g Apfelessig
1 gestr. TL Salz
1/2 TL Paprikapulver, edelsüß
15 g Cashewnussmus (siehe S. 22)
75 g Wasser und 20 g Wasser zum Ausspülen des Mixbechers

Tipp
Wer keinen Dampfaufsatz hat, lässt die Gnocchi in Salzwasser ziehen (nicht kochen). Nach etwa 8–9 Min. sind sie fertig (d.h., wenn sie alle oben schwimmen).

Es passiert bei Teig schon mal, dass sich die letzten Reste aus dem Mischtopf nur schwer entnehmen lassen, 10–30 g bleiben häufig übrig. Ich gebe in solchen Fällen 300–400 g Wasser hinzu und koche das Ganze **(6 Min/100 °C/Stufe 5; am Ende 10 Sek./Stufe 10)**. Dieses Wasser ist eine gute Soßengrundlage.

Kartoffeln mit Kichererbsendip

160 g Kartoffeln
70 g Wasser
200 g gekochte Kichererbsen
15–20 g Zitronensaft
1 gute Prise Salz
1/2 TL gem. Kreuzkümmel
1 TL Oliven- oder Sonnenblumenöl
6 EL Wasser (z.B. Kochwasser von den Kichererbsen)

■ Kartoffeln unter fließendem Wasser abbürsten und in dünne Scheiben schneiden. In einer Pfanne mit dem Wasser auf höchster Einstellung zum Kochen bringen, bis Dampf unter dem Deckel austritt. Auf kleinster Einstellung 10–11 Min. dünsten, ohne den Deckel anzuheben.

■ Kichererbsen, Zitronensaft, Salz, Kreuzkümmel, Öl und 6 EL Wasser zu einem Püree mixen **(mit dem Spatel arbeiten, 1 Min./ Stufe 4, Deckel abnehmen, herunterdrücken; 5 Min./Stufe 3)**. Es geht umso einfacher, je weicher die Kichererbsen sind. Aber es schmeckt auch etwas „stückig".

■ Einen Esslöffel des Pürees mit dem Kartoffelkochwasser verrühren, aufkochen (= Soße). Den Püreerest als Dip zu den Kartoffeln servieren.

■ Bei kleinen Mengen ist hier ein Hochleistungmixer von Vorteil, ab 2 Portionen geht es auch in der Thermo-Küchenmaschine recht einfach.

Tipp
Am Ende der Saison, wenn die Kartoffeln etwas schrumpelig geworden sind und die Schale sehr hart ist, schälen auch einige Vollwertler ihre Kartoffeln – immer noch besser als sie wegzuwerfen.

Linsenkartoffeln

1 Kartoffel (90 g)
55 g rote Linsen
10 g Zwiebel, gehackt
125 g + 30 g Wasser
1 TL Sonnenblumenkerne
2 TL Zitronensaft
1 TL Tamarindenpaste*
1/2 TL Selleriecreme (siehe S. 34)
etwas Salz
1 Msp. Asafoetida*
1 TL getr. Korianderblätter*

■ Kartoffel unter fließendem Wasser abbürsten, klein schneiden. Mit roten Linsen und der gehackten Zwiebel in einen Topf geben.

■ Mit 125 g Wasser zum Kochen bringen, 15–17 Min. auf kleinster Einstellung köcheln.

■ Sonnenblumenkerne, Zitronensaft, Tamarindenpaste, Salz und 30 g Wasser in einem kleinen Mixer schlagen. Asafoetida und Korianderblätter unterrühren.

■ Alles zu den Linsen geben, Becher mit 30 g Wasser nachspülen und auch unterrühren.

*Diese Zutaten gibt es in Asialäden oder entsprechenden Online-Shops.

Kichererbsen-Linsen- Bratlinge

Für 2 Portionen
50 g Kichererbsen
50 g Beluga-Linsen
20 g Zwiebel
6 g Knoblauch
15 g frischer Ingwer
1 TL getr. Minze
1 TL Kreuzkümmel
1/2 TL Asafoetida
1 TL Salz
1 Msp. gem. Chili
10 g Kichererbsen

■ Hülsenfrüchte getrennt 12 Std. einweichen und 36–48 Std. keimen lassen.

■ Zwiebel und Knoblauch abziehen, würfeln. Mit den gekeimten Hülsenfrüchten, Ingwer, Gewürzen und Salz pürieren **[30 Sek./Stufe 5; 2 Sek./Stufe 7]**.

■ 10 g Kichererbsen in einem kleinen Mixer mahlen, mit dem Teig verkneten und 30–45 Min. quellen lassen.

■ Erdnussöl in einer Pfanne erhitzen, auf mittlere Hitze stellen und 7 frikadellengroße Bratlinge in dem heißen Fett von beiden Seiten insgesamt ca. 10 Min. braten lassen [4 reichen für eine Hauptmahlzeit mit Brot].

■ Für die Soße die Kokosraspel mahlen und mit den restlichen Zutaten in einem kleinen Mixer verquirlen.

Für die Soße
20 g Kokosraspel
1 TL getr. Minze
1/2 gestr. TL Salz
1 TL gem. Kreuzkümmel
100 g Wasser

Tipp
Die Bratlinge schmecken gut zu Fladenbrot.

Falafel knusprig

525 g gekochte Kichererbsen [etwas weniger als 240 g Rohware]
1 Zwiebel, geschält und gewürfelt [80 g netto]
25 g geh. Petersilie
1 EL Kichererbsenmehl [20 g]
1 EL Chiasamen [15 g]

■ Alle Zutaten in einem Mixer gut durchmischen, die Kichererbsen können ruhig noch „ertastbar" sein. Das geht auf **Stufe 5** und mit dem Spatel in der Thermo-Küchenmaschine, hier wäre aber ein Food Processor mit einem großen Messer das bessere Gerät.

■ Teig mit einem Esslöffel oder Eisportionierer entnehmen und kleine Bälle formen. Nebeneinander auf ein Backblech [Perfect-Clean, oder mit Dauerbackfolie / Backpapier] setzen.

■ Backblech in den kalten Ofen schieben und 30 Min. bei 200 °C [Heißluft] backen. Sie sind dann außen sehr knusprig, innen aber noch saftig. Nach etwa 20 Minuten die Falafel wenden.

5 EL Kichererbsen-Kochflüssigkeit [oder 4 EL Wasser]
1 gute Prise gem. Koriander
1/2 TL gem. Kreuzkümmel
1 gestr. TL Salz
etwas gem. schw. Pfeffer

Augen**bohnensuppe**

Für die Hülsenfrüchte
50 g Augenbohnen, 48 Std. gekeimt (= 115 g)
450 g Wasser

Für das Gemüse
300 g Gemüse, klein geschnitten und geputzt, hier:
55 g Spitzkohl
75 g grüne Paprika (netto)
1/2 rote Zwiebel (40 g netto)
80 g Möhre
50 g Pastinake
1 Knoblauchzehe, abgezogen und in feinen Scheiben

Zum Würzen
1 gestr. TL Salz
1 Msp. gem. schw. Pfeffer
1 TL – 1 EL Apfelessig

■ Augenbohnen und Wasser in den Mischtopf geben und kochen **(25 Min./100 °C/Stufe 1)**.

■ Danach das klein geschnittene Gemüse hinzufügen und weiter kochen **(20 Min./100 °C/Stufe 1)**.

■ Würzen; wenn die Suppe noch zu dick erscheint, 50 g Wasser hinzufügen und rühren **(20 Sek./Stufe 1)**.

Kichererbsensuppe

Für die Hülsenfrüchte
50 g Kichererbsen, ganz und ungeschält (Keimzeit 36–48 Std.)
450 g Wasser

Für das Gemüse
1 Zwiebel (85 g brutto)
1 Knoblauchzehe
350 g Wasser
ca. 300 g Suppengemüse, z.B.
45 g Möhre
185 g Porree
35 g Selleriegrün
35 g Sellerieknolle

Zum Würzen
1 TL Gemüsesalz (siehe S. 29)
etwas gem. Kreuzkümmel
1 EL Essig von den Peperoni auf S. 31
1 EL Kokosöl

■ Kichererbsen und Wasser in den Mischtopf geben und kochen **(30 Min./100 °C/Stufe 1)**.

■ Danach das klein geschnittene Gemüse hinzufügen und weiter kochen **(20 Min./100 °C/Stufe 1)**.

■ Würzen; wenn die Suppe noch zu dick erscheint, 50 g Wasser hinzufügen und rühren **(20 Sek./Stufe 1)**.

Hülsenfruchtsuppen sind eine feine Abwechslung auf dem Tisch. Sie lassen sich auf vielfältige Weise variieren. Lässt man die Hülsenfrüchte vorher ca. 2 Tage keimen, verkürzt sich die Garzeit drastisch. Allerdings sei darauf hingewiesen, dass heute auch Bio-Bohnen oder Bio-Erbsen häufig nicht mehr keimen. Das Prinzip ist bei allen Suppen dasselbe: Hülsenfrüchte keimen lassen, mit reichlich Wasser 30 Minuten vorgaren, Gemüse hinzufügen, weitere 20–25 Min. garen und anschließend würzen.

Roter Wirsing
mit weißen Bohnen

205 g Rotkohl (netto)
180 g Wirsing (netto)
50 g Apfel
1/2 TL Kümmel
160 g Wasser
15 g Cashewnüsse
25 g Apfelessig
5 g Ahornsirup (oder Honig)
1 gestr. TL Salz
1 Prise gem. schw. Pfeffer
400 g gekochte weiße Bohnen

■ Rotkohl, Wirsing und Apfel klein schneiden. Mit Kümmel und Wasser im Schnellkochtopf garen: 8 Min./Stufe I–II; schnell abdampfen.

■ Nüsse, Essig, Ahornsirup (oder Honig), Salz und Pfeffer in einem kleinen Mixer zu einer glatten Creme verarbeiten, unter das Gemüse rühren und aufkochen. 400 g gekochte weiße Bohnen unterziehen und erwärmen, bis alles heiß ist.

■ Mit der Thermo-Küchenmaschine kann man die Bohnen vorkochen und auch das Gemüse garen, es dauert jedoch länger: Gemüse im Mischtopf garen **(25 Min./100 °C/Stufe 1)**.

■ Bohnen wie unter „Hülsenfrüchte" beschrieben zubereiten (12 Std. einweichen), im Garkorb kochen **(60 Min./100 °C/Stufe 3)**; die Garzeit richtet sich auch nach dem Alter der Bohnen.

Kichererbsen-Schnecken

1 Portion als Hauptspeise oder 2 Portionen als Beilage

Für die Gemüsefüllung
40 g Wasser
40 g gelbe Paprika (netto)
25 g Süßkartoffel (netto)
30 g Zwiebel (netto)
etwas Salz

Für den Kichererbsenteig
100 g Weizen
250 g (weich) gekochte Kichererbsen
1/2 TL Salz
10 g Chiasamen

■ Für die Gemüsefüllung Wasser in eine kleine Pfanne (20 cm) geben. Gemüse klein schneiden, in die Pfanne geben. Deckel auflegen, auf höchster Einstellung zum Kochen bringen, bis Dampf unter dem Deckel austritt. Auf kleinste Einstellung drehen und 10 Minuten dünsten, ohne den Deckel abzuheben. Mit Salz abschmecken.

■ Weizen in der Thermo-Küchenmaschine mahlen, dabei ein Stück Haushaltsfolie über den Mischtopf spannen, Deckel aufsetzen **(1 Min./Stufe 10)**. Umfüllen. Kichererbsen in der Thermo-Küchenmaschine pürieren **(1 Min./Stufe 3; 10 Sek./Stufe 4)**. Salz, Mehl und Chiasamen hinzugeben, gut kneten **(1 Min./Knetstufe bzw. Stufe 2–3)**.

■ Beim Mehl erst nur einen Teil zugeben, die Menge richtet sich nach dem Wassergehalt der Kichererbsen. Aus dem Mischtopf nehmen, zu einer Kugel formen und liegen lassen, bis die beiden Alternativen zubereitet sind.

■ Für die Crème-fraîche-Alternative die Zutaten in einem kleinen Mixer pürieren.

■ Für die Käse-Alternative die Zutaten ebenso in einem kleinen Mixer pürieren.

■ Teig auf eine Fläche von ca. 21 x 21 cm ausrollen. Das geht gut, evtl. etwas Streumehl nehmen. Mit der Crème-fraîche-Alternative bestreichen. Das Gemüse (Wasser auffangen und anderweitig verwerten) abtropfen lassen und auf der Creme verteilen.

■ Teig vorsichtig aufrollen und mit einem scharfen Messer in 8 Stücke teilen. Mit einer Schnittfläche nach unten nebeneinander in eine passende Form setzen (hier: eine Keramik-Pie-Form, 22,5 cm).

■ Käse-zum-Überbacken-Alternative auf die Schnecken streichen. In den kalten Ofen setzen und 30 Min. bei 175 °C (Heißluft) backen. Wer es gerne knusprig und oben gebräunt möchte, backt einige Minuten länger. Die Kichererbsen-Schnecken schmecken warm und kalt.

Crème-fraîche-Alternative
60 g gekochte rote Linsen
15 g Cashewnussmus (siehe S. 22)
1 TL Apfelessig
4 TL Wasser

Käse-zum-Überbacken-Alternative
30 g gekochte rote Linsen
10 g Sonnenblumenöl
1 Prise Salz
1 Prise Schabzigerklee
10 g Wasser

Das Foto zeigt die Kichererbsen-Schnecken vor dem Backen

Kapitel 4
Frischkost

Ist Frischkost dasselbe wie Rohkost? Roh ist einfach definiert: Dazu zählt alles, was in seinem Lebenszyklus nicht über 42 °C erhitzt wurde. Über dieser Grenze verändert sich Eiweiß „krankhaft". Niemand hat Fieber über 43 °C, vorher stirbt er. Daher wird Rohkost auch gelegentlich als „lebendige Nahrung" bezeichnet.

Frischkost ist weiter gefasst, manche zählen sogar einfach die Verwendung von viel frischem Obst und Gemüse mit anderen kalten Zutaten dazu.

Wie immer man es definiert – das Ungekochte, ob Gemüse, Obst oder auch Getreide –, sollte immer einen ganz bedeutenden Anteil unserer Ernährung ausmachen. Dass Frisches nicht immer nur Salat ist, lässt sich an vielen Rezepten einfach zeigen. Wenn wir es schaffen, schon morgens mit Frischem zu beginnen und dann noch irgendwo eine größere Portion Rohkost in unseren Tagesplan einzubauen, liegen wir schon ganz weit vorn.

natürlich
einfach
frisch

Sellerie-**Guacamole**

60 g Stangen-
sellerie
15 g Zwiebeln
(netto)
5 g Essig-
Peperoni
(siehe S. 31)
1 Knoblauchzehe,
abgezogen
1/2 Tomate
(40–45 g)
150 g Avocado-
fleisch, reif
1 EL Zitronensaft
1 TL Salz

■ Sellerie in den Mischtopf geben und zerkleinern **(1–2 Sek./ Stufe 8)**.

■ Zwiebeln, Essig-Peperoni, Knoblauch und Tomate hinzugeben und zusammen zerkleinern **(3 Sek./Stufe 5)**. Den Inhalt des Mischtopfs umfüllen.

■ Avocadofleisch, Zitronensaft und Salz in den Mischtopf geben und zerkleinern **(5 Sek./Stufe 4)**. Das Selleriegemisch wieder hinzufügen und mischen **(5 Sek./Stufe 3)**. Eventuell mit Salz abschmecken und in ein Schälchen umfüllen.

■ Soll die Guacamole erst später gegessen werden, den Avocadokern in die Mitte der Creme legen, mit Haushaltsfolie abdecken und im Kühlschrank aufbewahren.

■ Wer empfindlich ist, lässt die Zwiebel weg, weil diese je nach Sorte bitter werden kann.

Tipp
Lecker dazu schmecken Rote Bete in Marinade (s. unten) oder Mischnussbrot (siehe S. 71).

Marinierte Rote Bete

175 g Apfelessig
1–2 Knoblauch-
zehen
(12 g netto)
1 Lorbeerblatt
3 cm Vanille-
stange
1 gestr. TL getr.
Majoran (oder
andere Kräuter
nach Wahl)
1 gestr. TL Salz
100 g Rote Bete
(1/2 mittelgroße
Knolle, netto)
1–2 EL Sesam-
samen

■ Alle Zutaten bis auf die Rote Bete in einen Kunststoffbehälter mit Deckel geben, kurz umrühren.

■ Rote Bete in 3–5 mm dicke Scheiben schneiden, in die Marinade legen. Deckel auflegen und 48 Std. stehen lassen (nach 6 Std. in den Kühlschrank stellen).

■ Marinade abtropfen lassen (für Dressings verwenden), die Scheiben mit Sesamkörnern bestreuen.

■ Wem das roh zu scharf ist, der kann auch dünsten **(20 Min./ 100–120 °C/Dampfaufsatz/Stufe 1)** und dann mit Sesam bestreuen.

Gefüllte **Zucchini**

30 g Sechskorngetreide oder
30 g Roggen
50–60 g Wasser
1/2 Zucchini (115 g, längs halbiert)
60 g Linsensprossen, gemischt rote und schwarze Linsen (36–48 Std. Keimzeit)
5 g Zitronenfleisch (geschält, ohne Kerne)
1 TL Sonnenblumen- oder Olivenöl
1 gute Prise Salz
etwas frisch gem. schw. Pfeffer
30 g dünne Möhrenscheiben
evtl. 1 EL gehackte Petersilie

■ Das Getreide mittelgrob schroten **(10 Sek./Stufe 8)**, mit 50 g Wasser verrühren und mindestens 4 Std. quellen lassen. Wenn die Zeit nicht mehr reicht, Roggenflocken nehmen (vorzugsweise frisch geflockt) und 2 Std. in 60 g Wasser einweichen.

■ Zucchinihälfte gut auslöffeln, die herausgenommene Füllung wiegt etwa 50 g. Leere Zucchinihülle auf einen großen Speiseteller legen.

■ Das Zucchini-Innere mit Getreide, Sprossen, Zitrone, Öl, Salz und Pfeffer in der Thermo-Küchenmaschine oder einem kleinen Mixer zu einer groben Paste vermischen **(30 Sek./Stufe 3; 20 Sek./Stufe 4; 10 Sek./Stufe 5)**. Zucchini mit der Masse füllen.

■ Möhrenscheiben in die Füllung stecken, um die Zucchini weitere Sprossen streuen.

■ Für eine alternative Garnierung verteilt man die Möhrenscheiben auf dem Teller und bestreut alles mit Petersilie.

Tipp
Tomaten, Paprika und große Champignons lassen sich mit einer ähnlichen Mischung wie die Zucchini hier füllen.

Gefüllte Riesenchampignons
an Paprikaspiegel

2 große Champignons (180 g)
2 EL Sechskorngetreide (siehe S. 46)
30 g Wasser
1 Prise Salz
1 EL Sesamöl
2 TL Zitronensaft
1 EL gehackter frischer (oder 1 TL getr.) Liebstöckel
60 g Spitzkohlblätter
50 g Sonnenblumenkernsprossen

Für die Soße
70 g rote Paprika
15 g Zitronenfleisch
1 gute Prise Salz
15 g Sonnenblumenkerne
1 TL Flohsamenschalen (2 g)
130 g Wasser
1 Zweig Liebstöckel für die Dekoration

■ Die beiden Champignons ggf. sauber bürsten. Pilze niemals mit Wasser waschen! Die Stiele herausdrehen und die Pilze mit der Öffnung nach oben auf einen Teller stellen. Falls sie nicht fest stehen, unten etwas abschneiden.

■ Das Getreide schroten **(10 Sek./Stufe 8)**, mit Wasser, Salz, Öl und Zitronensaft verrühren. Liebstöckel unterrühren.

■ Spitzkohl mit Champignonstielen im Zerkleinerer fein raffeln, mit den Sprossen ebenfalls unter das Getreide rühren. Die Masse in die beiden Champignons füllen, dabei oben einen kleinen Hügel bilden.

■ Für die Soße Paprika, Zitronenfleisch, Salz, Sonnenblumenkerne, Flohsamenschalen und Wasser pürieren **(20 Sek./Stufe 5; 30 Sek./Stufe 10)**, die Masse ist dann glatt und ein bisschen viskös. Um die Pilze herum auf den Teller gießen und mit Liebstöckel dekorieren.

Kleine **rote Pizzen**

Für 2 Portionen

Für den Teig
30 g Haselnüsse
70 g Sechskorngetreide [siehe S. 46]
80 g Wasser
95 g Pastinaken
15 g Petersilie
1 TL Sonnenblumenöl [oder ein Nussöl in Rohkostqualität]
1 Prise Salz

Für den Belag
2 Tomaten [200 g]
etwas Salz
2 Prisen Pizzagewürz

Für die Soße
10 g Zitronenfleisch
60 g rote Paprika
1/2 TL Salz
15 g Möhren
1 Knoblauchzehe [5 g netto]
25 g Cashewnüsse
2 TL Flohsamenschalen [4–5 g]
125 g Wasser
einige Petersilienbüschel

■ Haselnüsse 4–6 Std. in Wasser [bedeckt] einweichen. Sechskorngetreide schroten **[15 Sek./Stufe 8]**, mit 80 g Wasser verrühren und 4–6 Std. lang quellen lassen.

■ Pastinake mit Petersilie, Sonnenblumenöl, 20 g der abgetropften Haselnüsse und 1 Prise Salz in der Thermo-Küchenmaschine fein raffeln **[1 Min./Stufe 4; 2 Sek./Stufe 5]**.

■ Mit dem eingeweichten und gequollenen Getreide verkneten **[10 Sek./Stufe 3; 2 Sek./Stufe 6]**.

■ Die Masse auf zwei kleine Quicheformen [20 cm] verteilen, mit Hilfe der nassen Hand oder einem Spatel flach drücken.

■ Für den Belag die Tomaten in dünne Scheiben schneiden, auf den Teig legen, mit etwas Salz und Pizzagewürz [zwischen den Fingern verrieben] bestreuen.

■ Für die Soße die restlichen, abgetropften Haselnüsse mit Zitronenfleisch, Paprika, Salz, Möhren, Knoblauchzehe, Cashewnüssen, Flohsamenschalen und 125 g Wasser mixen **[50 Sek./Stufe 3–10, langsam ansteigend; anschließend 10 Sek./Stufe 10]**. Ein paar Minuten stehen lassen, damit die Masse nachdickt.

■ Anschließend Belag und Soße auf den Pizzen verteilen. In die Mitte etwas Petersilie legen.

Sieht aus wie Pizza, schmeckt wie Pizza – und ist viel besser verträglich als Pizza. Mit Rohkost-Pizzen verblüffe ich immer wieder Gäste, egal ob Vollwertler oder Normalesser.

Gazpacho

20 g Spargel oder Zucchini [netto]
55 g Kohlrabi [netto]
1 Tomate [100 g]
55 g Salatgurke
20 g Olivenöl
1 gestr. TL Salz
10 g Zitronenfleisch
1 kleine Knoblauchzehe
200 g Wasser

■ Spargel schälen, Kohlrabi nur schälen, wenn nötig.

■ Gemüse grob vorzerkleinern und mit Öl, Salz, Zitrone, Knoblauchzehe und Wasser in der Thermo-Küchenmaschine **[2 Min./Stufe 10]** oder in einem starken Mixer, z. B. einem Hochleistungsmixer, pürieren.

■ Ich esse die Suppe lieber direkt nach der Zubereitung, ohne sie noch kalt zu stellen, weil sich sonst ein Bodensatz abtrennt.

Tipp
Die Zugabe von Kohlrabi macht die Suppe nahrhafter. Grundsätzlich funktioniert das Rezept mit allen Gemüsesorten, man sollte nur darauf achten, dass sie nicht zu stark färben.

Salat **Mix-Fix**

2 EL Sonnenblumen- oder Olivenöl
1 EL Zitronensaft
1/2 TL Salz
1/4 TL gem. Kreuzkümmel
90 g Wasser
50 g Kichererbsensprossen [Keimzeit 48 Std.]

1/2 Kohlrabi [165 g netto]
70 g Blumenkohl
2 kleine Möhren [125 g]
2 EL Schnittlauch

■ Öl, Zitronensaft, Salz, Kreuzkümmel, Wasser und Kichererbsensprossen in der Thermo-Küchenmaschine mixen, dabei langsam anfangen, damit es nicht spritzt **[1 Min./Stufe 10]**.

■ Kohlrabi schälen. Blumenkohl, Kohlrabi und Möhren in grobe Stücke schneiden, hinzufügen und zerkleinern **[5 Sek./Stufe 5]**.

■ Auf einen Teller umfüllen, Schnittlauch mit der Schere schneiden und darauf verteilen.

Die kalte, sehr nahrhafte und erfrischende Suppe aus Andalusien besteht im Original vornehmlich aus Brot, Tomaten, Knoblauch, Zwiebeln, Gurken, Paprika und Salz. Dazu 500 g Tomaten häuten und entkernen. 3 Knoblauchzehen zerkleinern, 1 Gurke und 1 grüne Paprika entkernen und zerkleinern und alles in den Mixer geben. Dann Brot und 4 EL Olivenöl hinzufügen und pürieren. Mit Essig und Salz abschmecken und Wasser hinzugeben, bis die gewünschte Dicke erreicht ist. In einen Topf geben und eine Stunde kühlen.

Gefüllte **Avocado**

1 Portion als Hauptspeise (mit etwas Brot), 2 Portionen als Vorspeise
65 g Sellerie (Knolle)
45 g Möhre
1 EL Salatcreme (siehe S. 25) oder Mayonnaise (siehe S. 42)
1 Clementine (55 g netto)
1 Prise Salz
etwas getr. Rosmarin (optional)
1 EL Zitronensaft
1 Avocado (100 g netto)
etwas Petersilie

■ Sellerie und Möhre grob vorschneiden. Mit Salatcreme oder Mayonnaise und Clementine in den Mischtopf geben, den Garkorb einsetzen und Gemüse zerkleinern **(5 Sek./Stufe 5; 3 Sek./ Stufe 7)**.

■ Salz und Rosmarin (zwischen den Händen zerreiben) hinzufügen. Garkorb entfernen. Avocado halbieren, Kern herausnehmen und das Fleisch auslöffeln, zum Gemüse geben.

■ Alles mischen **(2 Sek./Stufe 4)**. Die leeren Avocado-Hälften mit dem Gemüsegemisch füllen und mit etwas Petersilie dekorieren.

Tipp
Wenn kleine Mengen zerkleinert werden sollen, hilft es gelegentlich, den Garkorb einzuhängen, er verhindert, dass alles, nur grob zerkleinert, bis nach oben springt und das Messer nicht mehr greifen kann.

Sellerie-Pastinaken-Suppe

120 g Sellerie, ungeschält
65 g Pastinake, ungeschält
1 Clementine (55 g netto), geschält
210 g Wasser
1/2 EL Linsensprossen
1/2 EL gezupfte Petersilie

■ Sellerie und Pastinake grob vorschneiden.

■ Mit Clementine und Wasser pürieren **(15 Sek./Stufe 4; 2 Min./ Stufe 10)**. In eine kleine Schüssel (z.B. eine Müslischüssel) gießen. Mit Petersilie und Linsen dekorieren.

natürlich
einfach
frisch

Special: Frischkost-**Drinks**

Es gibt viele Möglichkeiten, den Anteil des „Frischen" an der täglichen Ernährung zu erhöhen. Ein ganz wichtiger Teil sind Getränke, die den Rohkostkriterien entsprechen. Kalte Getränke können Sie zum Beispiel auch als Kaltschale nach dem Essen als Dessert anbieten. Dann ist die Gefahr geringer, dass Sie Ihren Körper durch eiliges Trinken mit einem Nährstoffschwall überladen. Oder servieren Sie doch einmal einen Erdbeershake statt eines Salats vor dem Essen, was spricht dagegen? Es wird für Ihre Gäste deutlich interessanter als die immer gleich langen Gesichter „Ooooch, schon wieder gibt's bei euch so viel Salat!".

Bei den Getränken können Sie auch ein wenig mit den Süßungsmitteln (Agavendicksaft, Ahornsirup und Trockenfrüchte für Veganer, Honig und Trockenfrüchte für Vollwertler) spielen, d.h. austesten, ob Sie überhaupt noch Süßungsmittel brauchen. Ich trinke Kakao mittlerweile besonders gerne kalt und ohne „Zusätze", dann allerdings aus Kakaonibs oder Kakaobohnen. Smoothies empfehle ich persönlich nur für Menschen, die gar keinen Draht zu einer gesunden Ernährung haben – da ist alles besser, als das, was sie sonst essen ;-). Beispiel: Wenn ich mir einen Smoothie aus einer einzigen Orange mixe, habe ich zwar alle Vitalstoffe, aber ich „kippe" sie dennoch zu schnell in den Körper. Wenn ich 10 Mandeln mit einem großen Becher Wasser zu einer Mandelmilch verarbeite, ist das Konzentrat viel geringer, vergleichsweise müsste ich 1 Orange mit 4 l Wasser verdünnen!

Erdbeer- oder Himbeershake

Für den Erdbeershake
20 g Macadamianüsse
100 g Erdbeeren (netto)
5 g Zitronenfleisch
250 g Wasser
1 TL Agavendicksaft oder Honig

Für den Himbeershake
100 g tiefgekühlte oder frische Himbeeren
15 g Cashewnussmus (siehe S. 22)
5 g Zitronenfleisch
250 g Wasser
2 TL Ahornsirup oder Honig

■ Für die Herstellung des Erdbeershakes eignet sich ein kleiner Mixer mit großem Becher am besten. Die Nüsse mit dem flach stehenden Messer mahlen.

■ Erdbeeren, Zitronenstück und 100 g Wasser hinzugeben, gut durchmixen. Mit 150 g Wasser auffüllen, nochmals durchschlagen. Mit Süßungsmittel abschmecken. Gläser zum Beispiel mit getrockneten Zitronenscheiben dekorieren.

■ Für den Himbeershake tiefgekühlte Himbeeren antauen lassen. Alle Zutaten in der Thermo-Küchenmaschine zu einem Shake mixen **(40 Sek./Stufe 8; 20 Sek./Stufe 10)**. Zwei Gläser füllen, eventuell noch mit einer Himbeere dekorieren.

Kirsch-Shake

Für 2 Portionen
1 Banane (115 g netto)
1 Dattel (20 g netto)
75 g tiefgekühlte Kirschen
300 g Wasser

■ Banane schälen, Dattel entsteinen, alle Zutaten im Hochleistungsmixer 45–60 Sek. laufen lassen. Wahlweise in der Thermo-Küchenmaschine mixen **(2 Min./Stufe 10)**.

Cashew-**Eisshake**

30 g Cashew-
nüsse
10 g Rundkorn-
Naturreis
10 g Buchweizen
1 TL Flohsamen-
schalen (2 g)
1/2 TL gem.
Vanille
250 g Wasser
165 g Eiswürfel

■ Alle Zutaten bis auf die Eiswürfel gründlich mixen **(2 Sek./ Stufe 10)**.

■ Eiswürfel hinzugeben und solange schlagen, bis nur noch eine Schaum-Eismasse obenauf sitzt **(20 Sek./Stufe 10)**. Das Eis hat sich bis dann gelöst.

Tipp
Süße erhält der Drink nur durch die milden Cashewnüsse. Nach Bedarf kann man mit Ahornsirup, Agavendicksaft oder Honig nachsüßen; wenn Nüsse oder Süßungsmittel keine Rohkostqualität haben, auf etwas anderes ausweichen.

Luxusmorgen

20 g getrocknete Mango
10 g Cashewnüsse
135 g Wasser
3 Esslöffel Haferflocken (frisch geflockt)
1 Esslöffel Leinsamen (frisch geflockt)
1 Banane, geschält (85 g netto)
1 Orange, geschält (160 g netto)
1 kleiner Apfel (80 g)
1 Clementine, geschält (55 g netto)

■ Am Vorabend Mango in Stücke reißen und mit den Cashewnüssen im Wasser einweichen.

■ Morgens zusammen mit dem Einweichwasser in die Thermo-Küchenmaschine gießen und pürieren **(je 10 Sek./Stufe 4–9)** und über die Flocken gießen.

■ Banane, Orange und Apfel grob vorschneiden und im Mischtopf raffeln **(20 Sek./Stufe 4)**. Über das Mangopüree gießen, mit Clementinenstücken dekorieren.

Blaubeer-Cocktail mit Frostrand

55 g tiefgekühlte Blaubeeren
50 g Avocado
10 g Zitronenfleisch
1–3 weiche Datteln, entsteint (hier: 25 g)
300 g Wasser
1/2 TL Agavendicksaft
Kokosraspel

■ Blaubeeren, Avocado, Zitrone, Datteln und Wasser zu einem glatten Getränk pürieren **(2 Min./Stufe 10)**.

■ Daumen und Zeigefinger mit Agavendicksaft benetzen, oben am Rand eines Glases entlangfahren, bis der Rand klebrig ist.

■ Mit dieser klebrigen Öffnung auf einen Teller setzen, auf dem 3–5 mm hoch Kokosraspel liegen. Cocktail eingießen.

Tipp
Ich habe eine Dattel genommen, das gibt, zusammen mit dem Glasrand, eine sanfte Süße. Wer es lieber richtig süß möchte, nimmt mehr Datteln oder süßt mit Agavendicksaft nach.

Veganer Bananenkakao

10 g Kakaonibs
20 g weiße Chiasamen
2 Datteln, entsteint *Deglet Nour* (15 g netto)
1 Banane, geschält (130 g netto)
320 g Wasser

■ Alle Zutaten in der Thermo-Küchenmaschine durchmixen **(2 Min./Stufe 10)**, dabei langsam hochdrehen.

Veganer **Rohkakao**

25 g Datteln (das sind z.B. 3 Datteln der Sorte *Deglet Nour*, entsteint)
300 g Wasser
10 g Kakaopulver
1 geh. TL Flohsamenschalen (3–4 g)
1 Msp. Vanillepulver
10 g Nussmus, z.B. Cashewnussmus (siehe S. 22) oder Mandelpaste

■ Datteln im Wasser 4–8 Std. einweichen (z. B. über Nacht).

■ Zusammen mit den anderen Zutaten in die Thermo-Küchenmaschine geben und gut durchmischen **(10 Sek./Stufe 10)**.

Der Kakao ist nicht sehr süß. Wer weiß, dass er „ein Süßspecht" ist, sollte 30–35 g Datteln nehmen.

Wenn alle Zutaten Rohkostqualität haben, passt der Kakao auch in eine Rohkosternährung. Nur die Vanille ist niemals Rohkost, wer sehr konsequent sein möchte, muss sie weglassen.

Weißer Kakao

1 EL Agaven-
nektar
1 EL weiße
Chiasamen
1 geh. EL
Kokosraspel
1 Prise Vanille-
pulver
300 g Wasser

■ Alle Zutaten in die Thermo-Küchenmaschine geben und mixen **(2 Min./Stufe 10)**. Der Kakao ist dann leicht lauwarm. Wer ihn kalt möchte, stellt den Kakao eine Weile in den Kühlschrank.

Tipp
Wenn alle Zutaten Rohkostqualität haben, passt dieser weiße Kakao auch in eine Rohkosternährung.

Nibs-**Kakao**

Für 1 große Tasse oder 2 Gläser
10 g Kakaonibs
10 g Chiasamen
10 g Mandeln
oder Mandel-
paste
20 g Datteln,
netto (z.B.
1 große der
Sorte *Medjool*
oder 2–3 kleine
der Sorte
Deglet Ncur)
5–10 g frischer
Ingwer, unge-
schält
350 g Wasser

■ Alle Zutaten in die Thermo-Küchenmaschine zu einem glatten Kakao mixen **(2 Min./Stufe 10)**.

■ Der Kakao ist durch die Reibungswärme lauwarm, aber noch deutlich unter 42 °C, der Rohkostgrenze. Selbstverständlich kann man diesen Kakao auch heiß trinken, indem man ihn anschließend erhitzt **(5 Min./80 °C/Stufe 5)** – mein Geheimtipp als Vorbeugung vor Erkältungskrankheiten!

■ Die Menge reicht für eine große Tasse oder zwei Gläser.

Dieser Nibs-Kakao kommt der Vorgabe „so natürlich wie möglich" sehr nahe, denn die Zutaten sind fast unverarbeitet. Kakaonibs gibt es mittlerweile auch in allen gut sortierten Bio- und Feinkostläden. Freunde der Rohkosternährung sollten dabei auf Rohkostqualität achten.

Maca-Apfeldrink

1 kleiner Apfel
[90 g]
350 g Wasser
1 TL Ahornsirup, Agavendicksaft [oder Honig]
1 EL Macadamianussmus
1 Msp. gem. Vanille

■ Apfel in Stücke schneiden. Alle Zutaten in der Thermo-Küchenmaschine gründlich mischen **[1,5 Min./Stufe 10]**.

■ Vor dem Servieren nicht zu lange verwahren, weil sich sonst unten eine klare Flüssigkeit absetzt.

Tipp
Macadamianussmus kann man selbst machen, es geht genau wie Cashewnussmus [s. Seite 22].

Apfel**kraftdrink**

20 g Haselnüsse
10 g Buchweizen
7 g Zitronenfleisch
1 kleiner Apfel
[90 g]
4 g frischer Ingwer, ungeschält
400 g Wasser

■ Haselnüsse mit dem Buchweizen in einem kleinen Mixer fein mahlen.

■ Mit Zitronensaft, dem in Achtel geschnittenen Apfel, Ingwer und 150 g Wasser in einem kleinen Mixer [großer Becher] 40 Sek. schlagen. Mit Wasser auffüllen und nochmals kurz durchmixen.

■ In der Thermo-Küchenmaschine oder einem Hochleistungsmixer geht das noch einfacher: Alle Zutaten in den Mischtopf geben und pürieren **[2 Min./Stufe 10]**. Im Hochleistungsmixer: 1 Minute auf der Höchststufe.

Beim Apfelkraftdrink lässt sich das Obst durch jede beliebige Sorte ersetzen. Sehr saures Obst erfordert möglicherweise zusätzliches Süßen mit eingeweichten Trockenfrüchten oder etwas Agavendicksaft bzw. Honig. Ein Drink, der uns auf diese Weise durch das ganze Jahr begleiten kann.

Kapitel 5
Süßes

Auch wenn gerade die Bezeichnung „Vegetarier" in den Medien häufig immer noch mit trockenem Salatblatt und Möhre charakterisiert wird, ist das Süße im Leben auch für die „drei V" (Vegetarismus, Veganismus, Vollwert) ein zentraler Punkt.

Zwar ist es mein Ziel, allgemein weniger Süßes auf den Speiseplan zu setzen, dennoch muss ein Kuchen für mich nach Kuchen und nicht nach Pappe schmecken. Er sollte auch Augen und Gaumen ansprechen. Ich finde gerade die Süßspeisen in der Ernährung ohne Tiereiweiß so delikat, weil sie den Zutaten mehr Raum für ihren Eigengeschmack lassen.

Bei den Süßigkeiten ist man natürlich besonders versucht, Dinge nachzuahmen, die man aus der „Vor-Zeit" kennt. Dennoch lohnt es auch hier, nicht nur nachzuahmen, sondern die Tür zu einer anderen Essenswelt aufzustoßen und Neues auszuprobieren. Da sich mit der natürlicheren Ernährung die Geschmacksempfindlichkeit erhöht, schmeckt man mehr, je näher man am Grundsatz „so natürlich wie möglich" bleibt.

natürlich
einfach
frisch

Schokoladen**pudding**

Für 3–4 Portionen
Entsteinte Datteln:
75 g *Deglet Nour*
oder 90 g *Medjool*
175 + 125 g Wasser
10 g Cashewnussmus
(siehe S. 22)
30 g Chiasamen
15 g Kakaopulver
1 Prise Salz
1/2 TL gem. Vanille

Für die Dekoration:
1 goldene Kiwi

■ Datteln 2–4 Std. in 175 g Wasser einweichen. Datteln mit dem Einweichwasser und den restlichen 125 g Wasser in den Mischtopf geben, darüber die trockenen Zutaten geben.

■ Alles mixen, bis die Chiasamen nicht mehr einzeln zu schmecken sind **(1,5 Min./Stufe 2 langsam hochdrehen bis 10)**. Abschmecken, wenn es noch keine glatte Creme ist, noch 20–30 Sek. weiter mixen.

■ Gegebenenfalls nachsüßen. Auf drei bis vier kleine Schüsseln verteilen und abkühlen lassen. Gut 2–3 Std. kalt stellen. Zum Servieren Kiwi schälen, in Scheiben schneiden und als Dekoration auflegen.

Tipp
Wer die Dattelsorte *Medjool* hat, nimmt 90 g Datteln, weicht sie nicht ein und reduziert die Wassermenge auf 250 g.

Walnut-Banana-Cookies

125 g Hafer
125 g Gerste
75 g Langkorn-Naturreis
1/2 kleiner Apfel (45 g)
25 g Cashewnüsse
2 Bananen, geschält (netto 195 g)
100 g Agavendicksaft (oder Honig)
20 g Chiasamen
1 Prise Salz
1 geh. TL Natron
1 gestr. TL gem. Vanille
75 g Walnusskerne
30 g grüne Rosinen

■ Getreide fein mahlen **(1 Min./Stufe 10)** und umfüllen.

■ Apfel, Cashewnüsse und Bananen mit Agavendicksaft (oder Honig) zerkleinern **(1 Min./Stufe 8)**. Mehl und restliche Zutaten hinzufügen und gründlich verkneten **(2 Min./Knetstufe bzw. Stufe 3)**.

■ 15 Min. quellen lassen. Mit den nassen Händen flache Kekse formen und eng nebeneinander auf ein Backblech (Perfect-Clean, oder mit Dauerbackfolie/Backpapier) setzen.

■ Ofen (Heißluft) auf 160°C vorheizen. Blech einschieben und die Kekse 22 Min. bei 160°C backen.

Tipp
Ich nehme grüne Rosinen, weil sie im Gegensatz zu den meisten anderen Sorten nicht geölt sind.

Crêpes mit Fruchtfüllung

Für den Teig
50 g Hafer oder Haferflocken
10 g Dinkel
1 Prise Salz
1 getr. Aprikose ohne Stein (7 g)
1 Msp. Weinstein-Backpulver
145 g Wasser

Für die Sommerfüllung
125 g rote Johannisbeeren
30 g Honig

Für die Winterfüllung
50 g tiefgekühlte oder frische Blaubeeren
1 kleine Banane (95 g netto)
1 TL Ahornsirup

Zur Dekoration
1 kleine Feige
1–2 TL Cashewnussmus (siehe S. 22)
Kokosraspel

■ Hafer und Dinkel in der Thermo-Küchenmaschine mahlen **(40 Sek./Stufe 10)**.

■ Salz, Aprikose, Backpulver und Wasser (für Pfannkuchen 40 g weniger) hinzugeben und zu einem glatten Teig verarbeiten **(20 Sek./Stufe 7; 1 Min./Stufe 10)**, der auch eine Weile ruhen kann, aber nicht muss. Anschließend umfüllen und die Füllung vorbereiten:

Sommerfüllung
Johannisbeeren, gewaschen und abgezupft, mit dem Honig in einem kleinen Mixer zu einer glatten Creme schlagen. Bei größeren Mengen bietet sich ein Hochleistungsmixer an, dann werden auch die kleinen Kerne in den Johannisbeeren zerkleinert.

Winterfüllung
Blaubeeren, Banane und Ahornsirup (Honig) in die Thermo-Küchenmaschine geben und pürieren **(20 Sek./Stufe 4)**.

■ Pfanne erhitzen (nicht ganz die höchste Stufe). 2–3 EL Teig in die Pfanne geben und schnell dünn ausstreichen – das macht die Kunst bei Crêpes mit aus! Es erfordert ein wenig Übung. Die Hitze etwas herunterdrehen und den Crêpe backen, bis sich der Teig einfach mit einem Schaber auf dem Boden verschieben lässt. Crêpe umdrehen und auch die andere Seite backen.

■ Crêpe auf einen flachen Teller geben, mit Johannisbeermasse oder Blaubeercreme bestreichen und aufrollen bzw. zuklappen.

■ Mit einer kleinen, durchgeschnittenen Feige dekorieren, etwas Cashewnussmus dazugeben oder einige Kokosraspel darüberstreuen.

Tipp
Die Johannisbeersoße dickt innerhalb kurzer Zeit nach, sodass sich Reste davon prima als Gelee aufs Brot eignen. Die Teigmenge ergibt drei bis vier kleine Crêpes.

Nach vielen Jahren problematischer Crêpes-Zubereitung habe ich über die fettreduzierte Ausrichtung meiner Ernährung nun eine Variante gefunden, die mir gelingt, egal ob etwas dicker als Pfannkuchen oder etwas dünner als Crêpe. Wichtig dafür ist allerdings eine gute Pfanne, entweder Aluguss oder eine Keramik-Pfanne mit solider Beschichtung.

Erdnuss-Knusper-Cookies

250 g gekochte rote Linsen
130 g Erdnussmus (siehe S. 105)
200 g entsteinte Datteln *(Medjool)*
1 gestr. TL gem. Vanille
1 geh. TL Weinstein-Backpulver
1/4 TL gem. Kardamom
50 g Kakaonibs

■ Alle Zutaten außer den Kakaonibs in den Mischtopf geben und pürieren **(30 Sek./Stufe 3; 20 Sek./Stufe 5 und 10 Sek./Stufe 8)**.

■ Kakaonibs unterrühren **(10 Sek./Rückwärtslauf/Stufe 3 oder 10 Sek./Stufe 2)**.

■ Auf ein Pizzablech von 28 cm Durchmesser (PerfectClean, eingefettet oder mit Backpapier ausgelegt) ausstreichen und grob in Stücke vorschneiden. Im vorgeheizten Backofen 15 Min. bei 175 °C (Heißluft) und 10 Min. bei 160 °C backen.

■ Auf einem Gitterrost auskühlen lassen, aus der Form nehmen und die vorgeschnittenen Linien nachschneiden.

Nach einem genialen Rezept von Agnes, die auch die Rezepte Korrektur gelesen hat :-).

Tee**streifen**

100 g Dinkel
100 g Rundkorn-Naturreis
50 g Hafer
1 Prise Salz
1 gestr. TL Vanillepulver
40 g Mandelpaste
90 g gekochte rote Linsen
90 g Agavendicksaft (oder Honig)
1 EL Wasser

■ Dinkel mit Reis und Hafer in der Thermo-Küchenmaschine fein mahlen **(40 Sek./Stufe 10)**. In eine Rührschüssel füllen, mit Salz und Vanillepulver mischen. Die restlichen Zutaten in den Mischtopf geben und mit langsam steigender Geschwindigkeit pürieren **(30 Sek./Stufe 3, je 10 Sek. Stufe 4, 5, 6 und 7)**. Mehlgemisch hinzugeben und kneten **(2 Min./Knetstufe oder Stufe 2)**.

■ Mit der Hand zu einer festen Kugel zusammenpressen, in Folie wickeln und ca. 1 Stunde ruhen lassen. In zwei oder drei Portionen etwa 1 cm dick ausrollen. Mit der Gabel einstechen. Ein Rechteck ausschneiden, dies wiederum in etwa 2 cm breite und 5 cm lange Streifen schneiden.

■ Abgeschnittene Teigreste wieder ausrollen usw. Streifen nebeneinander auf ein Backblech legen (PerfectClean, oder mit Dauerbackfolie/Backpapier).

■ Ofen (Heißluft) auf 130 °C vorheizen. Blech einschieben und 30 Min. backen. Streifen auf einen Gitterrost geben und abkühlen lassen. In einer gut schließenden Dose aufbewahren. Die Kekse sind mürbe.

Orangen**schokolade**

100 g Kakaobutter
75 g gekochte Kichererbsen
100 g Ahornsirup (oder Honig)
30 g Kakaopulver
10 g Carob
1 TL gem. Vanille
3–4 g frisch abgeriebene Orangenschale

■ Kakaobutter, Kichererbsen und Süßungsmittel in den Mischtopf geben und schmelzen **(5 Min./45 °C/Stufe 1)**. Zutaten mit einem Spatel nach unten schieben und weiter schmelzen **(3 Min./50 °C/Stufe 1)**.

■ Die trockenen Zutaten miteinander mischen, in die Maschine geben und mixen **(2 x 5 Sek./Stufe 5)**, zwischendurch Masse nach unten schieben.

■ In Silikon-Schokoladenformen füllen und kalt stellen.

Tipp
Diese Schokoladen-Variante hat einen Fettanteil unter 50 %, was sehr wenig ist für selbst gemachte Schokolade.

Schokomuffins mit Vanillesoße

50 g Weizen
50 g Hafer oder Haferflocken
2 TL Weinstein-Backpulver
110 g Orangenschokolade (s. oben)
50 g gekochte rote Linsen
75 g Ahornsirup oder dünnflüssiger Honig
40 g Apfel

Für die Soße
10–15 g Cashewnussmus (s. S. 22)
40 g Agavendicksaft oder Honig
500 g Wasser
5 g Flohsamenschalen
1/4 TL Vanillepulver
50 g gekochte Kichererbsen oder gekochte rote Linsen

■ Weizen und Hafer mahlen, dafür den Mischtopf mit Haushaltsfolie überspannen **(1 Min./Stufe 10)**. Umfüllen und mit dem Backpulver mischen.

■ Jetzt die Schokolade herstellen, einen Rest von 110 g im Mischtopf lassen. Wenn die Schokolade bereits fest ist, muss man sie erst aufschmelzen **(2–3 Min./40 °C/Stufe 1)**.

■ Linsen, Ahornsirup oder Honig und Apfel hinzufügen und pürieren **(30 Sek./Stufe 5; 10 Sek./Stufe 6)**; zwischendurch die Masse nach unten schieben.

■ Mehlmischung hinzufügen und vorsichtig unterziehen **(1,5 Min./Linksdrehung oder Stufe 1; 1 Min./Linksdrehung oder Stufe 1)**; zwischendurch nach unten schieben. Teig auf 6 Silikon-Muffinförmchen verteilen.

■ Wer einen zweiten Mischtopf hat, kann sofort weitermachen. Sonst den Mischtopf halb mit Wasser füllen, 2 Tropfen Spülmittel hinzugeben und reinigen **(5 Min./50 °C/Stufe 4)**.

■ Mischtopf zur Hälfte mit Wasser füllen. Gefüllte Förmchen in den Dampfaufsatz (untere Etage) stellen und garen **(35 Min./100–120 °C/Stufe 2)**. Auf einem Gitterrost auskühlen lassen.

■ Die Zutaten für die Vanillesoße gründlich pürieren **(2 Min./Stufe 10)**.

Tipp
Wer keine Schokolade hat, nimmt 100 g gekochte rote Linsen und 40 g Kakao.
Die Muffins haben durch die Schokolade ein leichtes Orangenaroma.
Da das Gebäck sehr locker ist, möglichst in den Förmchen servieren.

Apfel-**Polenta**

30 g Speisemais
105 g Wasser
1 Prise Salz
1 TL + 10 g Agavendicksaft oder Honig
50 g Apfel
5 g Kokosraspel
5 g Kokosöl

■ Speisemais grob mahlen **(30 Sek./Stufe 8)**, er fühlt sich noch körnig an.

■ Wasser mit Salz und 1 TL Süßungsmittel in einem kleinen Topf aufkochen und unter Schlagen mit einem Schneebesen den Maisgrieß einrieseln lassen. Auf mittlerer Einstellung 3 Minuten köcheln.

■ Apfel in dünne Stücke schneiden und eine 10-cm-Quicheform damit auslegen. Polenta darauf verteilen. Mit Kokosraspeln bestreuen.

■ 10 g Süßungsmittel tropfenweise hinzufügen und Kokosöl in Flöckchen auflegen. Backofen (hier: Umluftgrill) auf 240 °C vorheizen und 10 Min. grillen. Schmeckt kalt und warm.

Süßkartoffeln gegrillt

Für 2 Portionen
1 Süßkartoffel (etwa 200 g)
20 g gekochte rote Linsen
20 g Kokosnussmus (Dose oder selbst gemacht)
1 Prise Salz
1 gute Prise gem. Zimt
10 g Agavendicksaft (oder flüssiger Honig)
30 g Wasser
10 g Kokosöl

■ Süßkartoffel waschen und im Dampfaufsatz garen **(35 Min./100–120 °C/Stufe 2)**. Wenn die Süßkartoffel kurz genug ist, kann man auch den Garkorb verwenden. Abkühlen lassen.

■ Lauwarme Süßkartoffel der Länge nach durchschneiden, das Innere mit einem Teelöffel vorsichtig herauskratzen. Möglichst einen Rand von etwa 5 mm stehen lassen.

■ Das Süßkartoffelfleisch mit Linsen, Kokosnussmus, Salz, Zimt, Agavendicksaft (oder Honig) und Wasser in einem kleinen Mixer verquirlen.

■ Püree wieder in die ausgehöhlten Süßkartoffelhälften füllen, die Hälften z.B. in eine Lasagneform setzen. Bis 10 Minuten vor dem Servieren Folie über die Formen spannen.

■ Folie entfernen, Kokosöl auf der Oberfläche verteilen. Backofengrill (Heißluft) auf 240 °C vorheizen und ca. 10 Min. überbacken. Vor dem Servieren auf Teller setzen. Vanillesoße oder eine Cashewsahne passen auch gut dazu.

Nusskuchen
mit Birnenstückchen

250 g Dinkel
285 g Haselnüsse
15 g Paranüsse
(oder insgesamt
300 g Haselnüsse)
2 bittere Mandeln
(oder, im Notfall,
Bittermandel-
aroma)
1 Prise Salz
1/4 TL gem.
Vanille
1 Pck. Weinstein-
Backpulver
100 g gekochte
rote Linsen
1 kleiner Apfel
(80 g)
1 Banane
(110 g netto)
200 g Agaven-
dicksaft (oder
Honig)
100 g Wasser
1 Birne (210 g)

■ Dinkel in den Mischtopf geben und fein mahlen **(1 Min./Stufe 10)**. In eine Schüssel umfüllen.

■ Die Nüsse in den Mischtopf geben, fein mahlen **(10 Sek./Stufe 10)**. Zum Mehl geben.

■ Salz, Vanille und Backpulver (ggf. sieben) hinzufügen und mit einem Löffel mischen.

■ Die restlichen Zutaten, bis auf die Birne, in der Thermo-Küchenmaschine zu einer glatten Flüssigkeit rühren **(1 Min./Stufe 10)**.

■ Mehlgemisch hinzufügen und kneten lassen **(3 Min./Knetstufe oder Stufe 2–3)**.

■ Den Boden einer Springform mit Backpapier überziehen, Rand der Form aufsetzen und festziehen. Teig in der Form verteilen.

■ Birne halbieren, jede Hälfte in drei Längsstreifen und diese in schmale Scheiben schneiden. Blütenansatz entfernen. Die Birnenstücke mit der Schale nach oben gleichmäßig verteilt in den Teig stecken.

■ Form in den kalten Ofen (Heißluft) schieben und 45 Min. bei 175 °C backen. Die Oberfläche mit Schokoguss überziehen.

■ Für den Schokoguss die Kakaobutter und Linsen in den Mischtopf geben und schmelzen **(5 Min./50 °C/Stufe 1)**. Die anderen Zutaten hinzufügen und gut durchmischen **(5 Sek./Stufe 5)**.

Für den Schokoladenguss
50 g Kakaobutter
30 g gekochte
rote Linsen
20 g Kakaopulver
60 g Ahornsirup
oder Honig
1/2 TL gem. Vanille

Thermo-Küchengeräte haben den Vorteil, dass man mixen und schlagen zusammen kann, ohne dass es gleich zu fix geht und die Kakaobutter sich abtrennt, was sonst leicht passiert. Bitte vor den Linsen nicht erschrecken: Sie sind völlig geschmacksneutral.

natürlich
einfach
frisch

Special: Selbst gemachtes **Eis**

In meiner Kindheit war die Auswahl an Eiscremes gering. Nonplusultra war der italienische Eissalon vor Ort – für mich kamen nur die Sorten Zitrone oder Schokolade infrage. Die kleinen Tiefkühltruhen in den Supermärkten führten nur wenige Sorten, von denen mir „Fürst Pückler" und „Domino" immer noch im Gedächtnis sind, an denen ich die geschmacklose Waffel besonders liebte. Auch damals schon konnte man Speiseeis selbst herstellen. Bei meinen Großeltern gab es drei Sorten: Mokka, Vanille und Schokolade, die mit Hilfe irgendwelcher Beutelchen hergestellt und in die Würfel eingegossen wurden. Knochenhart, eiskalt ... aber Eis. Dann kam die Phase, als die Eiscremes auch in besserer Qualität in die Tiefkühlschränke einzogen. Eine Schweizer Marke hat hier wohl den Geschmack einer ganzen Nation geprägt.

Leckere Süßspeisen und Kuchen waren in alternativen Ernährungsformen immer schon möglich. Doch eines ist erst wirklich mit Erfindung der leistungsstarken Mixmaschinen möglich geworden: köstliches, cremiges Speiseeis, so lecker wie aus der Eisdiele nebenan oder der Tiefkühltruhe im nächsten Supermarkt, aber mit viel besseren und natürlicheren Zutaten.

Gerade die Eiscremes bieten den Menschen, die in der Küche gerne zaubern, ein weites Feld für Experimente, die fast nie fehlschlagen. Hat man einmal das Verhältnis der Fruchtsorten oder anderer Anteile heraus, kann's so richtig losgehen. Erst in kleinen Schritten, vielleicht nur ein Obst auswechseln, dann Gewürze hinzufügen und so weiter.

Eis aus der Thermo-Küchenmaschine ist immer recht cremig. Wer es lieber etwas fester möchte, sodass sich auch Kugeln entnehmen lassen, gibt die Masse in einer Plastikdose 2–3 Std. in das Tiefkühlfach.

Fruchteis

Für 3–4 Portionen
1 kleiner Apfel (95 g)
1 Banane (100 g netto)
180 g Kaki
40 g Ananas (netto)
15 g Haselnüsse
1 Kardamomkapsel
1 dünne Scheibe Ingwer, ungeschält (3 g)
1 EL „Milch" (siehe S. 38) oder Wasser
7 g Zitronenfleisch
1 TL Ahornsirup (oder Honig)
130 g Eiswürfel
Lebkuchengewürz und/oder Kakaonibs als Dekoration

■ Apfel würfeln, Banane schälen und in Scheiben schneiden. Zusammen mindestens 24 Std. einfrieren.

■ Frisches Obst vorschneiden, mit Nüssen, den Samen aus der Kardamomkapsel, Ingwer und Zitronenfleisch pürieren **(10 Sek./Stufe 4; 5 Sek./Stufe 5; 5 Sek./Stufe 6)**. Umfüllen.

■ Ahornsirup in den Mischtopf geben, Eiswürfel hinzufügen. Die Eiswürfel zu grobem Schnee zerschlagen **(10 Sek./Stufe 5)**.

■ Obstpüree und gefrorene Obststücke hinzufügen und zu einer Eiscreme verarbeiten **(20 Sek./Stufe 5)**. Auf 3–4 Schüsselchen verteilen und mit Lebkuchengewürz oder Kakaonibs bestreuen.

Tipp
Ich habe immer Eiswürfel und eine Reihe von Obststücken im Tiefkühlschrank parat. Manchmal, wenn ich abends einfach nicht mehr kochen will und schnell etwas Leckeres genießen möchte, ist so ein Eis ideal.

Himbeereis

1 Banane mittelgroß, geschält (85 g netto)
90 g tiefgekühlte Himbeeren

■ Banane grob zerkleinern, mit den Himbeeren in die Thermo-Küchenmaschine geben.

■ Zu einem weichen Eis verarbeiten **(20 Sek./Stufe 4; 10 Sek./Stufe 6)**, zwischendurch mit dem Spatel nach unten drücken.

Beeren**eis**

Für 2–3 Portionen
2 Bananen mittelgroß, geschält und in Scheiben geschnitten (205 g netto), 24 Std. eingefroren
125 g gefrorene Beerenmischung (gekauft)
1/2 TL gem. Vanille
75–100 g „Milch" (siehe S. 38)
2 TL Kakaonibs

■ Gefrorenes Obst mit Vanille in die Thermo-Küchenmaschine geben. Laufen lassen **(40 Sek./Stufe 4)**. Ab und zu etwas höher drehen, bis die Masse cremig ist, dabei und nach und nach esslöffelweise die Pflanzenmilch hinzugeben.

■ Auf zwei Schüsselchen verteilen und mit Kakaonibs bestreuen.

Schokoladeneis

Für 2 Portionen
3 kleine Bananen, geschält und in Scheiben (245 g netto), 48 Std. eingefroren
100 g Kochcreme (siehe S. 41)
50 g Cashewnusssahne (siehe S. 40)
15 g Kakaopulver
2 weiche Datteln, Sorte *Medjool*, entsteint (netto 40 g)
einige Walnusskernstücke

■ Kochcreme, Sahne, Kakao und Datteln in der Thermo-Küchenmaschine mischen **(langsam steigend über 10 Sek. bis Stufe 5)**.

■ Bananenstücke hinzugeben und zu einer cremigen Mischung schlagen **(30 Sek./Stufe 4; 5 Sek./Stufe 6)**.

■ Auf zwei Schüsselchen verteilen und mit Walnusskernstücken dekorieren.

Schoko-Ingwereis vegan

1 geh. EL Kakao (15 g)
20 g Sonnenblumenöl
75 g Wasser
60 g getr. Birnen (oder Äpfel)
65 g Sonnenblumenkerne
5 g Ingwer, ungeschält
160–190 g Eiswürfel

■ Alle Zutaten, bis auf die Eiswürfel, in der vorgegebenen Reihenfolge in einen Hochleistungsmixer geben.

■ Bei langsamer Geschwindigkeit beginnen und dann auf der Höchststufe pürieren, mit dem Stößel nachhelfen.

■ Zum Schluss mit dem Stößel die Eiswürfel einarbeiten.

■ Mit der Thermo-Küchenmaschine Püree umfüllen. Eiswürfel in den Mischtopf geben und zu grobem Schnee zerschlagen **(10 Sek./Stufe 5)**, mit dem Spatel nach unten schieben. Püree hinzufügen und vermischen **(10 Sek./Stufe 5)**.

■ Für die Dekoration einen Esslöffel der Orangenschokolade (siehe S. 153) auf einem flachen Teller ausstreichen und im Kühlschrank fest werden lassen. Kleine Stücke mit einem Messer abschaben und auf das Eis setzen.

Austauschtabelle und Erklärungen

Agavendicksaft
Ahornsirup;
für Vollwertler: Honig

Ahornsirup
Agavendicksaft;
für Vollwertler: Honig

Apfelessig
Bio-Apfelessig ist einer der wenigen Essige, die nicht mit Gelatine [tierisches Produkt] gefiltert werden;
Zitronensaft in kleinen Mengen, zum Konservieren ist er nicht austauschbar

Asafötida
weglassen

Augenbohnen
andere Hülsenfrüchte

Austernpilze
Champignons

Beluga-Linsen
andere kleine Linsensorten

Butternuss-Kürbis
Hokkaido

Cashewnussmus
andere Nussmuse, evtl. sind andere nicht so farb- und geschmacksneutral

Chilischote
Essig-Peperoni

Clementinen
2 Clementinen = 1/2 Orange

Deglet Nour
Datteln anderer Sorten [Süßkraft und Gewicht beachten]

Dinkel
Weizen, Einkorn

Einkorn
Weizen, Dinkel

Essig-Peperoni
getr. Peperoni

Essig von den Peperoni
Essig plus etwas getr. Chili

Flohsamenschalen
Chiasamen, dann aber mehr

frische Hefe [1 Würfel]
Trockenhefe [1 Würfel entspricht 2 Tütchen à 9 g Trockenhefe]

getr. Aprikosen
andere Trockenfrüchte

getr. Mango
getr. Aprikosen, frische Mango

Gojibeeren
Rosinen

goldener Leinsamen
brauner Leinsamen

Granatapfelkerne
Rosinen

grüne Rosinen
Sultaninen, Weinbeeren, Korinthen [ich bevorzuge grüne Rosinen, weil sie nicht geölt sind]

Hafer
gemeint: Nackthafer; zur Not durch Haferflocken ersetzen

Hirse
Quinoa

Jasminreis
Basmatireis, Langkornreis

Kakaonibs
Kakaopulver [halbe Menge]; das ist aber immer weniger „Masse"

Kakaopulver
Carobpulver

Kamut
Hartweizen, Emmer

Kichererbsen, gekocht
weiße Bohnen, gekocht

Kichererbsenmehl
Dinkel- oder Weizenmehl

Kichererbsensprossen
Linsensprossen

Kokosöl
für Nichtveganer: Butter für die Formen; Veganer können Formen auch mit Speiseöl einpinseln, es empfiehlt sich dann aber, zusätzlich die Form mit Sesam o.Ä. auszustreuen

Korianderblätter
Lorbeerblätter

Kräuter der Provence
andere getr. Kräuter wie Majoran oder Oregano

Kräuterseitlinge
Austernpilze (preiswerter)

Kurkuma
Safran

Langkorn-Naturreis
Hirse, Quinoa

Leinsamen
Chiasamen

Liebstöckel
Basilikum

Mais
bedingt: Hirse, Buchweizen

Mandelpaste
eine andere Nusspaste/ein anderes Nussmus

Medjool
Datteln anderer Sorten (Süßkraft und Gewicht beachten)

Mungbohnensprossen
Linsensprossen

Muskatkürbis
Hokkaido

Pastinaken
Petersilienwurzel

Pekannüsse
Walnüsse

Pflaumen, getr.
Rosinen

Pizza-Gewürz
getr. Majoran und/oder Oregano

Quinoa
Hirse

rote Zwiebel
normale Zwiebeln

Sauerampfer
Rhabarber

Schabzigerklee
Bockshornkleesaat

schwarze Senfkörner
gelbe Senfkörner

Schwarzkümmel
weglassen

Sechskorngetreide
Mischung verschiedener Getreide, z.B. Weizen, Roggen, Dinkel, Hafer, Buchweizen, Hirse

Sonnenblumenkernsprossen
Linsensprossen

Süßkartoffel
Hokkaido- oder Butternuss-Kürbis

Tamarindenpaste
Zitronensaft und -fleisch

Trockenhefe
1 Tütchen entspricht in der Regel 1/2 Würfel frische Hefe

Weinstein-Backpulver
alle anderen Backpulver sind reine Chemieprodukte

weiße Chiasamen
Flohsamenschalen
(1 EL Chiasamen = 1 TL Flohsamenschalen)

weißer Mohn
weiße Chiasamen

Weizen
Dinkel

Zitronenfleisch
Zitronensaft

Rezeptverzeichnis

Bildnachweis

Fotolia
14, 20, 30, 32, 35, 41, 43, 44, 80, 106, 113, 129, 135, 139, 140, 143, 144, 147, 152, 158, 161, 162

Stockfood
8, 39, 40, 114, 120, 123, 132

Ute-Marion Wilkesmann
28, 31, 42, 48, 56, 60, 66, 69, 70, 71, 76, 79, 84, 118, 124, 126, 136

Dorothee Gödert
U4 alle, 4, 5, 23, 24, 27, 36, 47, 51, 52, 55, 59, 63, 64, 72, 75, 83, 87, 88, 91, 92, 95, 96, 99, 100, 103, 104, 109, 110, 117, 125, 130, 148, 151, 155

Agnes Hug
156

Coverfoto: Stockfood (Hintergrund: Dorothee Gödert)

FSC
www.fsc.org
MIX
Papier aus verantwortungsvollen Quellen
FSC® C004592

ISBN 978-3-86362-048-6

Projektleitung: Simone Speth
Lektorat: Annerose Sieck
Layout und Gestaltung Innenteil: Christine Paxmann text • konzept • grafik, München
Satz: Simone Speth, Potsdam

Alle Rezepte dieses Buches wurden mit Sorgfalt zusammengestellt und überprüft.
Eine Garantie kann jedoch nicht übernommen werden.

Printed in Germany 2016

Verlagswebsite: www.d-hverlag.de